小資賺千萬人脈理財術

學會人脈理財讓你加薪百萬

周怡潔 Jamie ◎著

推薦序
收集人才，好運跟著來

房地產達人
王派宏

作者對人脈經營很有心得，認識人脈是成功的關鍵，三個臭皮匠勝過一個諸葛亮，尤其是人生中重要卻不緊急的事，一定要先處理；大部份的人拚命在顧眼前的事，而非經營一個值得擁有的人生。收集人才，勝過一切。像曹操和袁紹之戰，袁紹搶地盤，曹操搶人才，最後曹操以少勝多，打敗袁紹，奠定未來強大的基礎。因此每個人都應該愈早收集人脈越好，像本人也是喜歡收集人才，因此一直有好運在我身上發生。修身，齊家、治國、平天下，每個人一定要先顧好身邊的六個人，接著再擴展為身邊的五十人，接著是身邊的五百人，一直擴展下去，與大家共勉之。

推薦序

在虛擬世界也可以成為市場贏家

三十八歲退休之全職奶爸兼專業投資人
賤芭樂

除了甄嬛、半澤直樹與外星人都教授，相信每個如你我一般的市井小民地球人，都希望能在生活周遭與工作職場遇到貴人，而且貴人不但要有，還越多越好，甚至有人不惜花錢算命請示神明，在哪裡或怎麼做才可以碰到慧眼識英雄的伯樂貴人，所以問題來囉：您覺得貴人通常會在哪裡？以往的貴人，要嘛是前輩，要嘛是長輩，似乎一定要年紀比自己大幾輪，或地位比自己高幾檔的人，才有資格成為自己的貴人，認識Jamie之後才發現，原來晚輩與平輩，甚至是自己不太認識的人，其實都可以成為讓自己「千里駿馬得以賞識、萬般才情盡情揮灑」的貴人，而這些方法與秘訣，Jamie的這本書竟然都無私分享？呵呵，是的！

看網路刷 FB 盯 i-Pad 玩 Game，會讓人視力模糊、體力衰退、活力不再、腦力受損？當然對，其實不用醫生提醒，上述狀況您早就知道，但或許您還是鍾情智慧型裝置，依然愛不離手；也可能您因此討厭智慧型裝置，始終拒它千里，但您有沒有想過，面對這樣我們不見得喜歡但確定是未來不可抵禦的大潮流，除了沉迷它或排斥它，我們為什麼不乾脆了解、掌握、運用、發揮這股趨勢，藉而成為下一個贏家？認識 Jamie 之後才發現，原來在虛擬世界的人脈與資源，是幫助平凡如你我的一般人，最有機會成為下一個市場贏家的關鍵，而這些方法與秘訣，Jamie 的這本書又有？呵呵，沒錯！

您還在等什麼？趕快去網路搶訂書局搶買，然後速速翻閱內容囉！

前言

我如何因緣際會開始用人脈理財

很多人都以為我家裡很有錢，其實並非如此。我從小生活在一個小康的家庭，父母都是苦幹實幹的工作者，不過我父母跟其他父母不一樣的地方是，他們是鼓勵孩子去冒險的。

要多去跟一些過得好的人做學習

在我小時候，媽媽是保險業務員，父親曾經做過賣車的業務，所以基本上他們不認為當上班族就可以賺到大錢，反而覺得要多花時間跟朋友相處，才能做大事，朋友是無價之寶。

當時在父母親的身旁有很多家境好的拜把兄弟，印象中小時候每個週末都會去某個阿伯家，一群朋友開兩桌麻將，小朋友就在旁邊吃披薩。在這些阿伯裡，有一個阿伯曾說過最讓我記憶猶深的一句話：

「妹妹啊，你若是長大了就不要去上班，」他用台語跟我說，「上班是賺不到什麼錢的，你要多去跟一些過得好的人做學習。」

從此奠定了我對未來的生活期待和嚮往。

後來這些阿伯們都紛紛移民到國外，連我姐姐和媽媽也到美國生活，這也是我之後會開始接觸國際理財和美國房地產的主因之一。

雖然說家裡沒有什麼錢，但過得還蠻快樂的，一直到我上大學那一年，台灣的景氣變差了，父母因此跑到美國去工作。遇到這情景，我開始認真的思考，已經念書到大學了，該是要負擔家計了。

因為從小父母常常讓我們跟長輩們互動，所以我不怕羞，很活潑，又喜歡跟人講話，上大學時，當大家都在唸書，或者晚上打麻將、吃火鍋的時候，我就開始半工半讀，一邊讀書，一邊從事業務行銷的工作。

我大學讀的是應用美術系，很多人覺得為什麼我讀的是應用美術，怎麼會來從事理財或人脈的工作？藝術家應該都是很 Free Style、很多自己的想法啊？我只能說，在我很小的時候就知道，興趣是不能當飯吃的，但是可以把興趣用於投資理財，或者用錢去養你的興趣。

對我而言，把創意放在理財或人脈上面，就是發揮應用美術的最大功能。很多人都曾問我，為什麼我的理財和人脈這麼的有創意？沒錯，正是因為我是念設計科系出身的。

我的人生不是決定在別人的嘴裡

在十九歲之後，我的年薪就再也沒有低過於台幣三百萬以下，也因為父母的鼓勵，我約有五年的時間都在業務行銷的工作領域打拼。

這個「業務行銷」的工作—組織行銷的產業，在當年常會被人誤認為是老鼠會，但是我並不覺得這個行業有什麼不同，有句話說「雖有大志，不如趁勢」，在那個年代做組織行銷，如同做保險業務都會被很多人排斥。

但我知道其實這行業國外早已行之有年，並且是被認同的產業，所以大學開始做組織行銷，對我而言就像是面對藍海市場—很少人做、很多人排斥，但市場很大。

當然事實證明這個產業至今大家都能接受了。

在五年裡，我學到很東西，例如如何看人、怎樣鼓勵別人等等，也第一次瞭解了人脈的重要——我的第一筆組織行銷所需的錢，就是跟好朋友借來的。

雖然這之間得到很多，但身邊的親朋好友還是有人會排斥，他們總說：「大學生好好唸書，為什麼要搞有的沒的？」

我有個特質是蠻特別的，就是當我覺得這東西是可行的，不會因為別人的說法而放棄，而會用真實的數據去做決定，因為我不認為我的人生是在別人的嘴裡。

大部分的人都是人云亦云，甚至很多堵你夢想的人就是家人，不諱言，當時我父母也有些反對，他們認為雖然家裡的觀念很開放，但是也沒有開放這麼大。

不過我也一直記得，小時候父母就跟我說過，跟人接觸或行銷理念，就是一個信心或能量的傳遞，但是這種理念，似乎台灣一般的家庭很少如此教育。這也讓我突然覺悟，原來我是台灣少數小康家庭中，有被教育到人脈和正面觀念的重要。

人脈經營的基礎，就在這五年所奠定的。我可以從工作中看到人的個性差別，也可以第一眼就看出這個人是正面或負面生活。這或許算是我的特異功能，我只要接近一個人，就很快能知道他正不正面，還有，他有沒有錢。

時薪八千元，這是我所要的生活嗎？

二〇〇四年，我決定離開組織行銷的工作，自行創業去。

我擁有一個喜歡冒險的個性，在努力多年之後，希望有所改變，而且老實說，在這五年，因為常常要跟一群想要成功但卻不正面的人相處，我並沒有很快樂。

二〇〇四年是SARS的隔年，我覺得我運氣很好，當時房地產價格往下降，於是用了在組織行銷存的錢，花了現金七百萬，買了一間內湖的房子，沒有貸款。

我想創業，至於要做什麼事業？這花了我很多時間思考，因為我覺得一定要找個符合趨勢的事業才能長久，最後我決定往芳療這個產業前進。

由於那個年代對於憂鬱症並沒有很明確的資訊，人們的身心靈渴望抒壓，芳療事業以後應該是有市場的，於是便到澳洲引進精油，跟一群朋友合夥，進入芳療產業。

憑藉著熱誠和衝勁，我很快就變成知名的芳療老師，時薪到達八千元，經常到醫院、學校宣傳身心靈的觀念，但是過了五年，是的，就跟之前的組織行銷工作一樣，經過了五年，又出現轉捩點，因為一場美麗的意外，而離開了這個事業。

為什麼我會說是美麗的意外呢？因為當時我遇到一些感情的創傷。

很多女強人其實不會被事業打擊，但弱點在於感情，我也是一樣，當時男朋友可能因為我的個性強硬和對事業的執著，所以做出了某些決定，讓我打擊甚大。不過也因為如此，讓我第一次從不同的角度來認識自己，在內心深處開始盤算著到底要如何才能平衡家庭、生活和愛情。

我發覺上帝會給人很多偽裝起來的祝福，事發當時看起來是個災難，但多年之後回想，那是一個祝福。

因為這個大打擊，我想了很久，開始檢視自己是否真的喜歡創業？喜歡芳療？我喜歡這樣的生活方式嗎？我是否完成年輕時，希望有錢有閒、有一群志同道合的朋友，一起去環遊世界？

我發現我沒有，我只是從A圈圈跳到B圈圈。從一群想要從傳銷達到致富的人，改成一群想要用精油的芳香療法快樂的人。

猶豫了一年，最後決定離開這個自創的事業。而決定我下這個決定的關鍵，在於與一個長輩聊天的省思。

那時我問這個長輩，我該留下來還是離開？畢竟這是自己創業的公司，而且收入也不錯。

這個長輩跟我說了一個故事。

把手放開，不做貪婪的猴子

有一隻很喜歡吃糖果的猴子，牠把手伸進糖罐裡，握住了很多的糖果，但因為握拳之後就拿不出糖罐，但又捨不得糖，於是就在拿不到糖、手也出不來的情況下，手一直卡在罐口。

「你現在就像是那隻猴子，如果你要握著那些糖果，你可能就會被困住，但是…」長輩對我說，「如果你決定要那些糖果，你就好好的握著，不要要握又不握；如果決定放手，也許除了這個糖罐之外，你還有別的世界，取決在於你。」

後來我就決定不做那隻猴子，決定把手放開，退了股份，去尋找別的出路。

不過當時還沒想到要做投資，只是想著，我一定要離開這環境，我要落跑了。

離開芳療讓我體會到，有時候挫折、壓力和看起來很討人厭的事情，在未來說不定就會感謝上天給了你這些考驗。就好像我到目前為止，覺得人生最大的打擊就是那場失敗的戀愛，但也是因為那場戀愛，讓我調整了我的人生，以及對感情、事業的態度。

而另一個體驗是：做人，心要開放，而不是只看到眼前的利益。當時離開就被很多朋友潑冷水，說我瘋了，五年的經營而且公司營運的不錯，怎麼說放手就放手？還好同時身邊有那麼多智慧的長輩，和支持鼓勵我的好朋友，他們當時若是沒有給我一些建議，或許我可能走不出這個困局。

我深切的感覺人脈的重要。

有錢很好，但有人脈也同樣的美好，因為發生事情的時候，有朋友可以陪你度過難關，這時你總不能叫錢來陪你度過吧？

不會理財的女強人，比不上會理財的歐巴桑

我在組織行銷學會看人的企圖心，以及正不正面、金錢能量好不好；在芳療中，我學會看到一個人內心的柔軟面，善良、感性與否，知道他的每個

表情動作，還有所說的每句話，在他的情感中是代表什麼，以及可不可以當朋友。

一個是理性的學習，一個是感性的學習。

這些學習，也造就了我可以輕易辨別一個人是在真心說話或在是交際應對。這兩個工作對於我人脈經營上的奠定是很有影響的。

二〇〇四年我離開組織行銷，那年房地產反彈，我正好買了房子；二〇〇九年，離開芳療，是金融海嘯的隔年，萬物待復甦，我決定投入投資業。

我要說我運氣很好，我是個心想事成的人。

在離開芳療的時候，還不知道要做什麼，一片茫然，然後馬上就發現一個事實：過去並沒有花很多時間去理財，這十年之中，我不大買保險、也沒有基金、也沒有股票，只買了一間房地產，恐怖吧？

我要做什麼呢？一般的業務工作應該養不活我，於是我便開始清查自己的帳務。我發現我擁有一間沒有貸款的房子、有幾百萬的存款，而這些現金在二〇〇四年可能可以買到半間房子，但如今卻只能付頭期款……。

我突然感受到通貨膨脹的威力，於是我對我乾哥說，那我到底要做什麼？

貴人乾哥對我說了一句話：「如果你要賺錢，就要去錢最多的地方。」

「哪裡錢最多？」

「什麼人都需要理財，什麼人都需要投資，所以，這個錢最多！」

我一想，真的很有道理，而且乾哥還對我補了更重要的一句話：

「一個不會理財的女強人，比不上一個會理財的歐巴桑！」

天啊，那時候聽到這句話我真的嚇到了。

發現人脈經營與理財的秘密

我回顧這十年我賺到什麼？手上只有一間房子和幾百萬現金，錢沒因理財增加多少，但是發現房子經過這些年有所增值，原來賺最快的是房子？一轉眼已經快要翻三倍了，有人苦幹實幹說不定還賺不到這麼多錢！

這個乾哥是我十八歲的時候就認識的長輩，他是我這輩子遇過脾氣和品行最好的人，所有跟他相處過的人，沒有一個人說過他的壞話。

他知道我離開芳療事業後身心狀況都很差，於是就把我「撿」回去好好照顧，跟在他身邊學投資。我這個乾哥其實可以說是慧眼識英雄，因為他知道我是一個很有潛力的人。

於是我開始跟在乾哥身邊學習、對投資下功夫。後來也去參加財商團體，因為我發現環境和人脈很重要，如果一群人每天督促你要變有錢，大家一起努力的話就有動力，而且我覺得參加財商團體有個優點，就是當別人在潑你冷水的時候，至少旁邊的那個人聽得懂你的夢想和理論。

時間來到二〇一三年，我的另一個轉捩點又來了。

我是從二〇一三年的八月開始正式確定經營人脈與理財的，在寫書的當下，其實才過了三、四個月，但是因為人脈經營和群組的成功，使我的活動和講座不斷，並且新書還在撰寫時，預購已經衝到三千本左右。

為什麼我的人脈經營會如此的受歡迎？

因為，我發現了很多不可告人的秘密，這也就是為什麼我會出這本書的原因。

人脈真的可以讓你心想事成，認識人、瞭解人，你就可以無所不能；而且它也可以應用在理財上面，我光二〇一三年下半年利用這樣的人脈理財方法，至少讓我的年收入逼近八位數，而這期間很多理財的訊息，也都是因為人脈的經營，由貴人告知的。

所以接下來，我會告訴大家為什麼重視人脈與理財的重要，也讓大家開始瞭解我是如何因為人脈，而過得非常快樂。

重點是，這些內容都是一般人能學會的。

目錄

1 學會這些，讓你的好感度立刻提升！

2 開始串連，經營人脈就是這麼簡單有趣！

3 就是要三贏，你好我好大家好！

4 對人脈串連心動了嗎？看完這一章再開始！

5 弄懂這些小問題，經營人脈就能借力使力！

第1章

學會這些，讓你的好感度立刻提升！

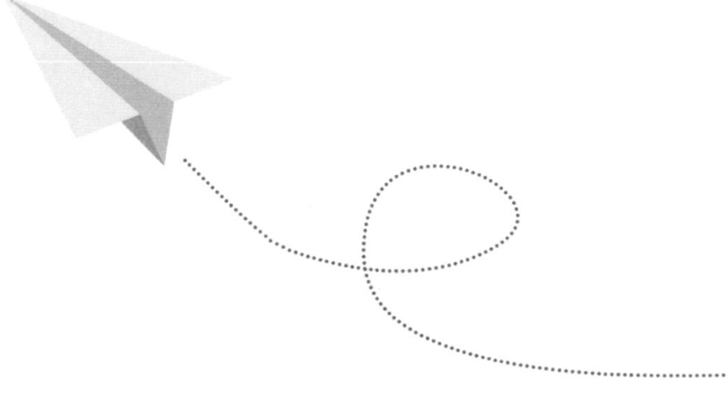

1 三秒瞬間讀人術

在這社會上想要立足、升遷或理財，都與人脈相關，我們就是活在與人相處的團體裡，俗話說「一樣米養百樣人」，我也常說「不要拿牛排去餵魚」，若是能從每個人的特質中找出互動的因素、並在極短的時間內就能分辨出對方的人格特質的話，對於現在與未來的你將助益甚多。

四種人格特質，你是哪一種？

在電影裡，經常利用各種類型的主角人格來豐富與完整劇情。不知你看過電影《復仇者聯盟》嗎？其中四個主角—美國隊長、鋼鐵人、綠巨人浩克，以及弓箭手鷹眼，他們各自所呈現的個性，就正好是很簡單又明確的四種人格特質。

你是屬於哪一類型？你的老板或朋友是哪種類型？你知道跟哪一種人相處會覺得快樂？哪種類型的人會助你成功？最重要的是如何在特質上互補，可以讓你更容易擴展人脈，幸福快樂的過人生？

美國隊長型

特質：果決明快、領導型的人，比較英雄主義，很喜歡出頭。

缺點：太重視事而非人。

相處方式：喜歡果決明快的說話方式，比較喜歡談論賺錢的話題，對談盡量簡單果決、切中主題。

地雷引爆點：不能硬來，這類型的人吃軟不吃硬；另外，跟賺錢無關的事情也請少煩他們。美國隊長討厭被人家誤會，也討厭人家在背地裡搞小動作，因為對他們而言，什麼事都能開誠布公的講。

他們也討厭講話沒有條理、慢吞吞、搞不清楚狀況的人。例如有人要跟美國隊長型的人談賺錢案子，但接下來若講了一個小時還沒講到重點，他就會生氣，詢問你結果是什麼？

一般而言，他會想要先聽到結果，之後再來考慮要不要聽過程與內容，如果你花了很長的時間講解，他也耐住性子聽你講完，但最後你才說出這個案子獲利不高，小心，他可能就會因此而火冒三丈。

最佳代表：郭台銘，有POWER、有霸氣；陳文茜、于美人、陶晶瑩的強悍。

鋼鐵人型

特質：衝刺瘋狂型的人，喜歡新奇，有些瘋癲，有無限的想像力。

缺點：感覺對了就衝了。

相處方式：因為喜歡讚美、注目或是新奇好玩的事情，可以先觀察他身上的配件讚美，或是找出共同相似的地方，拉近距離。

地雷引爆點：鋼鐵人同樣也是吃軟不吃硬，但跟美國隊長不一樣，這裡的「軟」只要表示關心、讚美就行了。

鋼鐵人喜歡聽讚美，「我覺得你真的是一個很棒、很優秀、很願意服務大眾的人！」這樣對他們稱讚，鋼鐵人心情就會好一半，然後再說到今天身上穿搭的配件很棒，最後才提到正題要溝通的事情，就會好說多了。

另外這類型的人很注重所謂的FU「感覺」。美國隊長不在乎FU，實事求是最重要，但是鋼鐵人如果今天FU不好，給他再棒的東西都寧願不要，但是如果今天FU好，東西再爛，也會看在你的面子上考慮一下。

由於注重感覺，所以鋼鐵人溝通時，描述通常會稍微誇大些，不會精準的計算內容，就像他們會說：「今天有一千個人來聽課！」其實他只是在形容很多人，並不是精準的算出今天有一千個人。他們喜歡形容一個狀態、一個美好，這些都跟現實無關，這是要跟鋼鐵人做朋友或工作時要注意的事項。

最佳代表：王彩樺，人來瘋；小S，有搞笑、不怕生、人來瘋的特質。

綠巨人浩克型

特質：溫熱型，不生氣時都是溫和的大好人；生氣的頻率很低，但是一生起氣來，就十分的可怕和固執。

缺點：太重視人而非事情本身。

相處方式：千萬別讓他有壓迫感，盡量放慢說話速度，讓他有安全感。

地雷引爆點：綠巨人浩克軟硬兼吃。硬一點，他們會屈服；軟一點，也會因為對方可憐而屈服，但是千萬不要對他們太兇，因為兇到他們無法接受時，就會物極必反，不過基本上他們大部分時間都會像日本那個苦命的阿信一樣，默默的生活。

這種人很適合做服務類型的工作，例如行政、售後服務、醫療體系、心理醫生等，所以跟這樣的人相處，只要適時的關心他和他的家人就可以了。

此外，只要被綠巨人浩克認定你是他的朋友，再怎麼奇怪詭異的事情，他們都可以接受。講一個很簡單的故事，我之前認識一個朋友，她買了超多的保單，但是我覺得她的每一張保單內容都爛到透了，而且都是跟同一個經紀人買的。

「你為什麼買這些保單？」有次我實在受不了了，所以決定當面詢問她。

「沒有啊，因為朋友缺業績，每次都說要升什麼什麼的，所以我就幫她。」

「那你知道這些保單有些內容很糟糕嗎？」

「我知道啊，但是我就是想幫她。」

天啊，這種事我就做不出來，我可以用別的方式幫忙，但是絕對不會這樣幫助她。

最佳代表：馬英九、證嚴法師。兇也兇不起來，但若真的生氣時會做出很特別的事，不過平常是走溫和路線。

弓箭手鷹眼型

特質：品質保證，連歪個 0.02 公分都要修正；數字邏輯很好，什麼都要斤斤計較；總是想很多，所以可以規避掉風險。

缺點：想太多、沒有行動力，機會常常在害怕中度過。

相處方式：不喜歡被別人觸碰身體，忌阿諛諂媚和誇大的談論，盡量對他實事求是、進退得宜。

地雷引爆點：不吃軟也不吃硬，只吃道理。邏輯要對、數字要清楚，這樣就行了。弓箭手鷹眼認為掌握機會可能也因此掌握到誤會，所以他們會謹慎的希望自己不要踩到任何地雷，但這也表示這類型人的人生很可能不會大富大貴。

弓箭手鷹眼的最佳代表族群，就是我們俗稱的工程師型，我都暱稱他們為囉唆龜毛型。因為我常覺得他們的追根究底，其實只是為了滿足他們某種求知的慾望，但當其他人都往前走了很久，他們還停留在原地，還在計較「那個『一』到底為什麼是一不是二」的真理。

對於這類型的人只吃道理，我感受很深。我有個弓箭手鷹眼型的朋友，有次我跟她說，「我跟你這麼好，有天若是我跟你介紹一個東西，你會不會買？」

「不會。」她很肯定的說，「首先我會先評估那個東西的品質和效能。」

「我都已經品質保證了耶！」

「我怎麼知道你判斷有沒有問題？」

「那你判斷完了，如果同一個東西是我和另一個朋友一起推薦的，你會選擇誰？」

「我會選擇品質好、數據對、有道理的人購買。」

我知道她沒有惡意，這只是他們的生活態度。

最佳代表：毒物科權威的林杰樑、喜歡講道理的葉教授，甚至電影裡的葉問都是此類型的代表。

每個人都會混合兩個人格特質

這四種人格特質，有些是專注於做人，有些則是在做事，例如鋼鐵人和綠巨人浩克是比較屬於做人型的，他們會有照顧人的感覺；而美國隊長和弓箭手鷹眼，則是做事型的，他們會以事情為基準，對事不對人。

而若以做朋友而言，跟鋼鐵人做朋友會擁有快樂的感覺，跟美國隊長就會有些賺錢的機會，與綠巨人浩克在一起會覺得很安全，有人愛你、關心你、聽你說話，至於弓箭手鷹眼則是能分析你的難處。

不過別以為每個人只有一種人格特質，其實大部分的人都是混合兩個特質，像我自己就是屬於美國隊長加鋼鐵人：在公事上有我自己的想法，而在與人相處時會有瘋狂的行為。

這種類型的最佳範例，就像是我上一秒可能很兇的跟你談公事，但下一秒就又沒事狀的說「一起去吃飯吧！」這種態度常常會讓其他類型的人覺得「你怎麼可以兇過我又馬上和好？」

他們不太能理解我的情緒轉變，但是對於美國隊長和弓箭手鷹眼的人，就會覺得這沒有什麼啊，公事公辦，但工作之後恢復朋友的身份，當然不一樣。

至於這四種人格特質如何互補，以及利用各自的優點來組成一個完美的團隊？就讓我們下一章來細說。

2 認識人了解人，你就無所不能

為了能擁有多方人格特質的優點，所以有人會想要去改變或練習「新」的人格，希望能讓人脈更容易獲得。於是我發現，有些人本身個性很溫和卻硬要去練口才，有些人很活潑卻硬要去做行政的工作，當然要解決人格特質缺點的方法很簡單，而且適得其所，但是還有一個方法可以解決—找互補的人來合作。

把優點集合，互相做喜歡的事

人格特質可不可以練習或是轉變？其實通常要遇到重大的創傷，你的人格特質才會改變，例如經歷生離死別、經歷很大的挫折，或是為了工作做了很大的調整，不然人格特質是很難改變的。

其實以前的我，是個很喜歡講話卻不愛聽人家講話的人，那時很多長輩都跟我說，傾聽是領導人應有的特質。當時我的工作已經是一個領導人的身份了，很清楚的知道身為一個領導人，一定要懂得「聽」，可是對我來說，天啊，真的聽不下去！這真是件很痛苦的事。

我是一個行政能力非常弱的人，大家相不相信？我是那種收發 EMAIL 跟換手機就要換資料等都覺得很麻煩的人，甚至連部落格都不太會做，但是為什麼我的部落格不到20天就達萬人瀏覽？為什麼我這麼忙卻可以常常發文？

我雖喜歡寫文章、也喜歡跟人互動，但是對於部落格這些東西卻不擅長，不過剛好我有個朋友，她是個不喜歡上台與人講話和社交、但行政能力很好的女生，當時我就覺得，如果要逼我做我不喜歡的，又要逼我朋友學會她不喜歡的東西，這樣大家都很累，所以我就跟她提出合作建議。

她不喜歡做的事情我來做，諸如打電話聯絡、出去參加活動、吃飯交際社交等，都交給我來做，但關於與朋友互動聯繫發EMAIL，或給朋友生日祝福等工作就由她來做，這樣就互補的很好，讓我們合作了好多的案子，她也因此成為我的特助。

放大各自的優點，互補其中

另一個最佳的例子是，我跟我老公在工作上的互補。我們兩個在辦活動的時候，我負責召集大家來參加活動，開場、主持和活動後聊天，我老公則負責把活動表單整理好印出、到場整理場地、幫忙點名，最後再整理收拾場地，而活動後學員詢問的細節也是由老公負責。這樣一個活動，就依照我們兩個人的工作特質而形成也圓滿完成。

我覺得這樣的方式蠻好的，大家都可以做到想做的事情。

所以對於人格特質的改變與否，我比較偏向於把彼此的優點放大，互補來進行。雖然人跟動物的差別，在於我們可以經由練習來學會任何事情，就像是現在要我不要講話，專注的聽人說話，我也做得到，因為學習過，所以我也可以假裝聽你講上一個小時，但是在做這件事快不快樂？這就是另一回事了。

雖然大家都可以藉由學習來改變自我的人格特質，但需要花費的時間很可觀。就像是若要我練習演講，可能一個禮拜就會了，但是綠巨人浩克型的人卻可能要花一兩個月才成功；但反過來說，若是我要學會行政工作，可能需要一兩個月的時間，但對綠巨人浩克來講可能只需一天的功夫。

既然如此，為什麼不讓大家去做擅長的事情呢？除非他覺得這件事情是一定要學會的，否則我覺得沒有必要去改變。

善用人格特質，每個人都是重要的

在這四種人格特質中，並不是誰適合做什麼事，而是當下的組合、狀況，以及角色分配，把當下的優點做到最大。

在人格特質上，我是美國隊長加上鋼鐵人，就不可能選擇特質跟我一樣的人合作，因為一樣的特質，也就表示我們會吵架，所以我們需要找互補的人來幫助彼此。

例如綠巨人浩克型的馬英九，他便需要身邊有一、兩個果斷果決的美國隊長來協助，如果沒有這類型的輔助馬英九，你就會發現，事情都會處於渾沌不明、推託的狀況；而陳水扁則是美國隊長加鋼鐵人型的人，他的身邊就必須要有溫和圓融型的人來幫忙。

而若以職場來舉例，我有個朋友公司的人員是這樣組合而成的：

公司的女老板，也就是我的朋友，她是美國隊長加弓箭手鷹眼型，是個很有POWER、很有能力、辦事果決的女強人，但是為什麼我說她還是有點鷹眼型？是因為她除了身材不錯而且腦袋更好，這種人對自己的要求很高，連跟賺錢無關的事情都會努力做到最好。

公關是個小女生，鋼鐵人加綠巨人浩克型，這個女生是他們特別塑造出來對外做行銷口碑的，因為她長相蠻甜美的，個性也算溫和，喜歡環遊世界，與人應對進退之間能拿捏得穩。

公司的電腦部門，幾乎都是綠巨人浩克加弓箭手鷹眼型的男生，負責後勤的工作例如網站設計、電腦架構。

外部行銷是個女生，她是美國隊長加鋼鐵人型，負責談合作案子，她有她的POWER所在，也有搞笑的地方，也能溫和與人互動。

創造出完美的團隊，沒有你不行

為什麼我會特別提出這個案例？因為這家公司的人員就是一個很不錯的互補結合。對於電腦部門的男生，如果出去談案子，他應該會很痛苦；但如果外部行銷的女生到電腦部門或行政文書，她也會很痛苦。

至於為什麼他們會找了一個很溫和、能搞笑的女生來當公關？是因為在她的人格特質中沒有美國隊長類型，就比較不會跟人起衝突，而且又沒有弓箭手鷹眼型很龜毛的個性，簡單來說就是一個沒有什麼原則的人，基本上也不會有什麼爭議。

另外，老板若沒有POWER，無法管住員工，但老板如果不仔細，很多報表會出問題；而如果做公關的人，有太多自己的意見和個人想法與原則的話，很容易與人起衝突，至於公關不足的地方，老板正好可以補足，公司裡的員工也會幫忙照顧公關，怕公關善良吃虧。

電腦部門的男生是個好人，在公司很少聽到他的聲音，每天專注於工作上，把工作做好，也很好溝通。而外部行銷的女生，能力比女老板還強，但女老板很賞識她，這其中的秘密是，女老板有特別去練習鋼鐵人個性。

這就是一個公司行號對於四種特質人格的利用，其實若是擴大這種用法，也可以使用在校園或學習單位上。

整理一下一間公司或一個團隊最好的人格特質組合：

對外公關：鋼鐵人加綠巨人浩克

幕前工作：美國隊長加鋼鐵人或美國隊長加弓箭手鷹眼

幕後行政：綠巨人浩克加弓箭手鷹眼

服務窗口：鋼鐵人加綠巨人浩克或綠巨人浩克加弓箭手鷹眼

我們常常會說有些夫妻有互補的感覺，或是有些工作伙伴也有互補的作用。你會發現有些人主要在於交際、行銷，有些人則是善於行政或幕後，其實你可從這些小地方看出，若是透過人格特質類型的分析而來與人相處，是會非常順利的。

就像我跟我老公，他是綠巨人浩克加弓箭手鷹眼型，而我則是屬於美國隊長加鋼鐵人型。其實當初我在選擇伴侶的時候，最不想選擇就是我老公這類型的，因為感覺很遜，可是後來發現，這樣的人才能跟我在一起長長久久，因為跟我類型太像的人，常常都會起爭執。

不過話雖這麼說，前提是我得要懂得欣賞這個類型人的好，不然只會看到他們的缺點。譬如一般女生看到我老公這類型，都會說他是爛好人一個，或是做事慢、龜龜毛毛、囉囉唆唆，但其實在我的眼裡，他是一個很能包容我的人，做事很仔細、對人很客氣，並且實事求是。

反過來說，對於我這類型的人，很多人會說霸道、蠻橫、瘋子、喜歡說大話！可是如果仔細觀察我的優點，就會知道我是個很果決果斷、做事有效率，以及有喜感和創意的人。

事情都是一體兩面，所以在很早的時候，我就會很想在第一眼就知道對方的地雷是什麼？然後在跟這個人媒合的時候，該如何將兩人的優點極大化，完全沒有想要對方改掉缺點，因為自己的缺點也很多，所以我會希望兩人在相處的時候，可以將彼此的優點發揮到最大。

認識人、瞭解人，你就無所不能，說的就是這個道理。

3 機會是給準備好的人

在剛進入財商界時，我便去上了所有相關的課程。很多人問我，是不是想每一項目都去執行？我的回答是：我想每個都懂，我想準備好每個基本觀念，這樣才能知道將來遇到的東西，是否符合我的需求。我深信機會是給準備好的人。

等我有錢再來理財？

「我們一定要好好理財！」我記得有一次跟我老公聊天時，我跟他這樣說。

我老公小我五歲，之前是職業軍人，所以以前也沒有什麼剩餘的錢去理財，他聽了我的問題，便隨口回答我：

「等我有錢以後我再來理財。」

「那等我瘦下來，我再來運動！」我馬上這樣回應他。因為我老公是個身材很健壯的人，他總是希望我能減肥。

他聽到後嚇了一跳，我也因此笑了出來。

「等我有錢再來理財」，乍聽之下沒錯，但這句話像不像是我所說的「等我瘦下來再來運動」？其實應該是我先運動才能瘦下來，而非等瘦了再來運動吧？

同樣的道理，是不是應該先了解理財之後，再來變有錢？但是大部分的人都處於「有錢再說」的這個狀態，然後這輩子終其一身也沒有變有錢，也沒學會所謂的理財方法。

人脈也是一樣，很多人說「等我有很多朋友再來經營！」但卻沒想過，因為開始重視人脈關係，就會開始有很多朋友，其實這個原理是一樣的。

所以我常常說機會是給準備好的人。

當機會來臨，你是那個準備好的人嗎？

當初我會學習人格特質，是因為我已經準備好要跟很多人互動。也許之後我真的會跟很多人互動，也許不會，但至少學會之後，在這個以人為單位的社會，不會犯大忌、踩到地雷。

我常常了解國內外資訊、每天看財經消息。這時又有人問我：現在是有錢可以理財，還是想變成財經專家？也不是。有時候是這樣的，當機會來了的時候而你還沒有準備好，就會措手不及，沒有足夠的能量去迎接機會。

所以我每天都在準備。就好像很多人會說「我想要當媽媽」，但是如果沒有準備好你的身體跟心靈，如何去迎接一個新的生命？但是這時又有人會說：「不會啊，生了就會當媽了！」但是我的想法很簡單，機會是給準備好的人。

我有個朋友，就常常嚷嚷的說要去學財商的課程，還要去學投資理財、經營人脈，但是她又經常抱怨自己很累、很忙，所以都是光說不練。我就這樣聽她反覆說了一陣子，其中也曾多次跟她說：「走啦！一起去學習啦！」因為我知道忙歸忙，但有心一定有時間的，但是她還是唸歸唸，心動沒有行動。

她一直想買間房子來投資，最近她終於下定決心要去上相關的課程，我很高興她在唸了這麼久之後想通。在聊天中她告訴我這些時日得到了哪些資訊，其中包括一個房地產的案子，我仔細幫她看一下，發覺這案子的房價低於市價，是可以投資。

「你既然開始學投資了，怎麼這個案子當時沒有直接投資，或是找人問一下？」

聽她說這個案子很快就被其他投資客給搶走了。

「啊～我也不知道這個案子這麼好耶！」她很驚訝。

機會不會等人，是你要去等機會

「怎麼會不知道？可以問大家啊！」

原來這是朋友在上課前發生的事，當然也就是因為這個案子，讓她終於瞭解機會是給準備好的人。

朋友說，首先因為她一直沒有準備好，也沒有去上課學習，所以看不出也判斷不出這是個好物件；第二，她的心思當時並沒有真的放在這上面，總是認為等學會再來說。

所以很不幸的是，在這兩三年之間，她已經連這次在內，錯失幾次投資房地產的好機會，雖然她也因此下定決心要去上課學習，但老實說，現在的房地產已經不如前幾年的盛況，相對來說困難度也變高了。

我看著她，有些傷心。我身邊有好多這樣的朋友，我是個行動力很強的人，做任何決定都很迅速，可是我的朋友光只是決定個學習課程，就想了三個月。其實光學習上課就想了這麼久，除了浪費了投資自己人生的時間，也讓機會跟你說BYE BYE。

我的這個朋友就在很多藉口中，錯失了幾波賺錢的機會，等她下定決心要學習的時候，有些時機點已經過了，我覺得真的好可惜。不過雖然如此，有開始就是好的，什麼時候開始都是最好的開始，因為機會是給準備好的人，你沒有開始就永遠不會開始。

「等我有錢了再來理財」這句話現在你聽起來是否覺得不對了呢？親愛的朋友，如果你還有這樣的觀念的話，你是不可能有錢的，請你先了解理財的觀念，基本上有錢的機率就會比較高了。

切記無知的代價更大

接下來的這個故事，就正好詮釋了「機會是給準備好的人」的正面例子。

我有個乾弟，他大約小我三、四歲，在桃園中壢的某汽車公司上班，是個普通平凡的上班族。我跟他怎麼認識的呢？多年前在當我還單身的時候，我們是在聯誼上認識的。

他人很好、聯誼後也常與我聯絡，當我開始學習房地產的時候，也鼓勵他去上課學習，學費差不多需要兩、三萬元。學費上萬元，大部分的人會覺得很貴，不過當時我就跟乾弟溝通，無知的代價更大，一定要去學習，而且那時他正好想要買房子，學習房地產對他有即時的作用。

在我的鼓勵之下，他便拿了薪水的一半來上課。在上課的期間，由於他平日上班也很忙，所以有時會曠課，我便鼓勵他有學總比沒學的好。

時間來到二〇一三年三、四月份，他決定要在中壢買房子了。

這個買房子的過程我並沒有參與，但八月一起環島旅行時，他便跟我提到：

「Jamie，我買房子了，而且是全貸！」

乾弟買房子我不驚訝，但，全貸？現在物件很難找到可以全貸的。我連忙問他是怎麼全貸的？

「還好我有聽你的建議去上課程，」他很高興的說，「我一直記得老師說要買低於市價，而且我記得老師說，不是很多人都知道房地產漲價的訊息，」他接著說：「所以我在中壢請房仲介紹了一間房子。」

「這間屋主是十幾年前就買了這間房子，當初買的時候很便宜，她不知道這幾年房價已經漲了很多，再加上她是孕婦也快臨盆了，所以想趕快把房子賣掉。我記得老師說過，要好好認真跟屋主談，於是我就跟她說，這是我要買來結婚的房子、年輕人工作很辛苦等。」乾弟一口氣把來龍去脈都說清楚。

先做好準備，以應付未來所需

乾弟的誠懇，加上有姐姐緣，所以對方最後便用比較便宜的價格賣給了他，大約買到銀行估價的八折。

「天啊！」聽到這裡我馬上問他：「有沒有第二間可以買？」乾弟哈哈大笑，我又問他：「全貸需要一些技巧和方法，你是用？」

他就說接下來就跟屋主、代書、銀行都有做些溝通，總而言之，最後就做了全貸的物件，大約省下了二、三十萬元，而且把多出來的這筆頭期款，拿去做新屋裝潢。

他一直跟我說謝謝，謝謝當初一直鼓勵他去上課學習。

我相信如果他短線做賣出的動作，或是裝潢後租給別人，甚至自己住，都是非常划算的。我也把這個問題反問他，不過在這裡就不告訴大家他的答案，這也想讓大家思考，如果你自己碰到這個抉擇，接下來會怎麼做？就你現在的財商觀念裡，到底哪個選項是最適宜的？

我知道很多投資課裡會提議賣掉這房子，可是大部分的人會住進去或租出去。這就是你有沒有學財商觀念的問題，也是為什麼有些人錢會累積的比較快。

所以說，先去學習以應付未來的需要吧！機會真的是給準備好的人。

4 禮多人不怪，有禮就有財

很多人會問我說，Jamie，你不是很洋派嗎，怎麼還這麼注重禮節？洋派歸洋派，但是我們生活在台灣，在一個注重禮貌的社會生活，某些方面我們還是會比西方人注意禮節，而且重要的是，有禮對你我都好，甚至還能得到意外的收穫。

一點禮貌，就能為人生贏一半

我是六年級生，在我那個年代，進屋要脫帽，坐親朋好友的車子要坐前座（不把親友當司機）；搭電梯時要幫忙按樓層鈕、也要讓長輩先進出；吃飯要讓長輩先動筷，看到人要打招呼並加稱謂，絕不會瀟灑的說「嗨！Jamie！」

這種平輩方式，這些都是我小時候受到的禮貌教育。

但是這些年我卻遇到一些不注重禮節的例子。

在財商團體裡，年紀從二十到五十歲都有，只要遇到的人年齡大我十歲以上或是爸爸媽媽的年紀，我都會在他們的名字後面加個「哥」或「姐」，這就像是在家裡看到媽媽，不會直接連名帶姓的稱呼吧？

曾經幫過我的人，我也會在名字後面加上「教練」或「老師」，其實大家都是彼此有禮貌的，一些大我一、二十歲的人，看到我也會叫我Jamie老師。

但我卻發現很多人都直接叫名字，就像是朋友平輩一樣。那時候這樣的稱呼方式有嚇到我，心想，如果一個小我十歲的人，直接就這樣叫我的名字，我心裡一定會有一些不舒服的。

想想，如果以後你的女兒也這樣大刺刺的直稱你名字，會是什麼樣感受呢？

我的想法是，年齡相差在正負五歲之內，直呼姓名是還好，但若是禮貌的稱呼對方「Jamie姐」或「Randy哥」，相信我，在生涯的路上，你就先贏了一半！因為很多人都沒注意到這件事情，但大部分的人還是會以禮貌來衡量印象。

不變的禮儀，加深彼此好印象

舉例來說。我有一個對於股票投資很厲害的朋友，他以前在某個時期曾經是我的夥伴，當時我們都是大學生，他總尊稱我為怡潔姐，然而多年之後相遇，這時他已經身價不凡了，但再次遇見，他還是叫我怡潔姐。

「你叫我Jamie就好了！」對於他的多禮，我連忙制止他，但這個舉動已在我的心裡留下深刻的印象。

至此之後我發覺此人是很值得互動的，因為他對人客氣又有禮貌，我們經常聯絡、互通有無。

其實我跟這位朋友一樣，對於過去曾經照顧過我的人，都不會改變稱號，以前稱大哥就是大哥、大姐就是大姐，不會因為離開了環境而改變。

大家可以回想一下，社會上有成就的人是否都很注意禮貌？而有成就的人，目前來說至少也都四十歲左右了，也就是我們所說的六年級生。這些人活在交替的年代，他們心裡是否在乎別人對他的稱謂？其實是在乎的。

就像對我而言，如果遇到一個很沒有禮貌、又小我很多歲的人的話，我會在心裡畫個叉叉，第一印象就不及格，更別提他是否有工作能力或是特殊才華。

不可取！無禮寸步難行

這又讓我想到另一個因為稱呼而讓人覺得失望的事。

我有個朋友曾經跟我抱怨過，她的小姑二十多歲，小她八、九歲，但這朋友嫁過去之後，小姑很少叫她大嫂過，總是直接叫名字。朋友很不能習慣這樣的叫法，於是有次就問小姑，為什麼要直接叫她的名字？

「這樣叫比較親切啊！」她小姑說，「而且叫大嫂不習慣，怪怪的。」

我聽後也只能搖搖頭，並且相信這小姑就算在社會上也一定不會有所成就，除了自我意識太良好之外，連最基本的大嫂都叫不出口，如何去應對其他應注重的禮儀？

不過有些人可能會對與自己有關的人很有禮貌，但對於「陌生」無關的人卻趾高氣昂。

有些朋友出國玩的時候，就特別發揮刁客精神，刁難導遊、領隊，變成超級奧客，講起話來還特別的尖酸刻薄。

當看到這個情景，我心裡便默默在想，雖然人家是服務你的人，你也有自己的原則，但有必要這樣對待人家嗎？所以像這樣的朋友我也不交，因為我覺得基本上你會對一個服務你的人態度如此的惡劣，人品也說不上有多好。

苛刻對人，阻斷未來前途

是的，我有這樣的朋友和經驗，老實說應該是朋友的朋友，然後有緣出國在同一團旅行。

首先她們會先殺所有行程的價錢，然後拗導遊降價，之後的每一餐、每個飯店都要嫌，她們這時無法想到所謂的「一分錢一分貨」，你付出多少錢便是有什麼樣的品質。

一路上還很喜歡批評東批評西的，而且當導遊在講話時，她們又不懂禮貌只管自己講自己的，而最後給小費時她們是會給，但是又一副嘴臉表示我有多給你喔。

天啊，跟她們出去玩真的很痛苦！從一個人對別人的應對就能看出這個人能否當朋友。

我覺得導遊是服務業，你起碼要尊重人家的人權，當然如果他態度不好，可以說明，但我的想法是，就算你是付錢的人，你也不是大爺，人家是用他的專業來得到應得的酬勞。

所以千萬不要成為這種喜歡謾罵批評的人，太恐怖了，從此我就拒絕跟那些朋友一起出國旅行。

禮多量力而為，心意最重要

而關於禮要如何「多」？其實我也不是那種逢年過節會傳簡訊或送禮的人，因為我這個人朋友很多、腦子也記不清楚每個人生日日期，可是我會做一件很特別的事情。

因為記不住朋友們的生日，我便會在自己生日的那天，由我發祝福給朋友。我會寫說，今天是Jamie的生日，謝謝大家對我這一年的好，我要用我的生日願望，祝福大家每天都心情愉快。

坦白說，我不是出國會買禮物、很貼心的朋友，但我是那種當你有難會挺身而出的人；我也不是講話最好聽的人，我講話很直，如果你懂我，就知道我是個很中肯的人，但我不至於會去傷害別人。

所以我所謂的「禮多」，並不是要你逢年過節送禮，這點我自己也做不到，而且也不想這麼做，雖然很多人會說，這是很棒的業務技巧，但我覺得可以讓人感動的方法很多，心意最重要。

我認為的「禮多」，是做一些細微、平常人家不會注意的事情，那是比較重要的，如果行有餘力，當然還是能天天獻上祝福，就端看你對於禮貌的重視程度。

5 正面陽光的迎接每一天

我知道這世界上有很多不美好的人，這些不美好的人就留給上帝去評論他們，但我們可以成為一個美好的人。或許你會很正直或正義的說：「我是正義使者啊！」但我的意思是說，你有沒有想過每個人的立場和想法不一樣？沒有事情是一定的，你認為對的，不代表別人就是錯，每個人都有他自己可以選擇的權力，我們不用去當別人的發言人，或是用正義之名去做什麼，就用正面的態度去迎接每一天吧。

謝謝指教，正面過人生

經營人脈的團體裡，難免會有一些人際方面的紛紛擾擾，例如辦免費活動，說別有意圖，辦付費活動，又說牟利；課堂上分享觀念，說不夠格，但如果不分享，又說藏私，還有一些對我的指教和讚美，經常會在各個族群出現。

對於這些人的攻擊言詞，雖然不是出自我所經營的群組的聲音，但還是很生氣，本來寫了一篇鏗鏘有力的短文表達我的情緒，但寫好之後，我想了很久，突然轉念了，如果我貼了這些情緒化的文字，不就是跟他們一樣，成了批評謾罵的人了嗎？

於是我重寫了內容，以正面能量的文字來表達一切，我寫著：

「我要讚美我群組裡的每一個人，大家都很有智慧也希望大家保持下去，也希望大家能保守你的心跟口，因為一生的果效都是由心而發的。」

為什麼會寫這個的原因，是因為有些人無法保守自己的心，也無法保守自己的口，而專注的事是會擴大的，所以我請我群組裡的人要專注自己的美好，並且在文後說明我的活動有兩種：一種是免費，一種是付費，如果覺得免費是別有居心，請參加付費；如果覺得付費是營利，就請參加免費。

不過在我寫了這個內容之後，自己又詳加思考了一番，既然自己平時都有捐獻做公益的習慣，為什麼不把這些錢撥一部份來支付原本是付費的活動或課程呢？於是決定將這個行動落實。

不停的反省自己的行為、從正面能量出發，然後讓自己做的更好，是我的願望。

自此之後，我開始練習不要過負面生活，甚至把「負面」這詞修去，改成我要美好正面生活，把任何負面詞都改成正面的。

成為一個正直又祝福別人的人

這讓我想起我和一個同學在聊天時提到的話題。她說許多學長姐都在經營群組，他有時會聽到有些學長姐互相讚美和「指教」，其中也包括我，他問我該相信什麼？

「相信你心裡的相信。」我笑著跟他說。

「可是如果不是事實，有同學因此誤信了而對你有誤解的話……」

「那麼祝福這位相信他所相信的同學，而且這位同學也不是我想互動的朋友，也感謝上帝讓他遠離了我。」

我想，這個誤解我的人，如果在乎我，就會直接來詢問我，弄清楚狀況；如果他在沒有弄清楚狀況之前，便到處去講，這就是他自己的損失。而如果相信了這些話的人，也就是這些人沒有智慧，只好讓他們去講。

我們可以選擇成為一個正面美好的人，可以發出正義之聲，但請用正面的方式去講，不要讓整個社會進入批評謾罵，這樣會讓大家更不開心。我很感謝這位同學在此時提醒了我，我們要成為一個正直又祝福別人的人，不批評不抱怨，用正面的方式去解決事情。

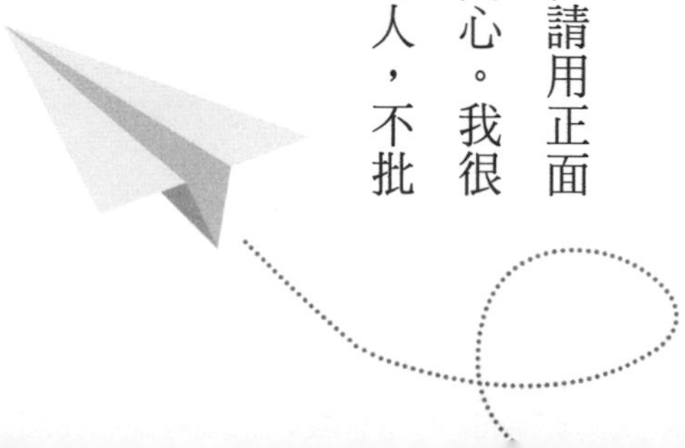

嫉妒的惡魔會讓你忘了自己

其實正不正面的過生活，相差真的很多。

我有兩個在生活上過得很好的朋友，一男一女，年薪都是三、五百萬左右，均是我在財商單位認識的。一年多來我都當他們是很好的朋友，不過這個男生是個弓箭手鷹眼型的人，在某些層面上他很排斥所謂的業務行銷行為，在我經營人脈的時候，他就常常給我一些他自我觀點的看法。

不過每個人生活環境不一樣，他覺得我太重社交、太公開曝光，但基於他對我不錯，所以我也與他維持著和平的互動關係，甚至當他說些讓我不開心的話時，我也不會去反駁。

故事發展到有一天，他的行為讓我十分的訝異。在開始執行自己的出書計畫之後，我便請學員預購我的新書，他知道之後，就悄悄的用ＡＰＰ傳訊給我，說他認為我預購新書是一件牟利的動作。

我想，他可能沒看清楚我預購的內容，其實這本書的版稅全部都是要捐給公益團體，並非是一個業務行銷的行為，而且出過書的人都知道，出書賺不了什麼錢。

收到這則訊息，當下我真的很生氣，因為我覺得他是我的好朋友，而且一般人看到朋友即將出書有預購的活動，第一個動作應該是支持，而他居然沒有弄清楚狀況就來指責我。

由於之前已經多次發生他因聽到別人的說法、沒經過求證就來指責我，所以這次又有這樣的行為，我便受不了而十分的傷心，心裡默默覺得說，這個朋友可能無法繼續下去，不是因為討厭他，而是他不能用正面陽光的態度來看待事物。

不過最後我還是冷靜下來思考，理解到他是有些嫉妒我目前的生活。人都會相互比較，無可厚非，不過我的傷心並沒有完全的消去，一直到與另個朋友發生了一個事情，才讓我釋懷。

不要用自以為的正義來評論事情

前面說過我有一男一女的好朋友，而另一個女性的好朋友，在此就稱呼她為E小姐，她年紀和能力與我相仿，她也有自己的事業，也有一個很疼她的老公，我們常常會相約聊天。

有天我去找她聊天，問她最近有沒有發生什麼事啊？她想了想說：

「我要出書了，因為有出版社找我。」

我一聽，臉色有些變了。一來，之前她一直都對我說沒有出書的計畫，說出書危險等等；二來，我突然有些羨慕和嫉妒她，因為她原本擁有的就可能比我更多，現在又有出書的機會……

但我相信因為她是我的好朋友，在有這個出書的機會時，一定曾想過要馬上告訴我，因為她知道我的個性一定會不舒服，所以當她親口告知這個消息時，看得出來她有點擔心害怕。

不過當時我並沒有表達什麼就離開了。

回家後我想了一想，就開始用臉書寫留言給她：

「E小姐，我希望我們這輩子都是很好的朋友，是良性競爭的朋友，是彼此可以祝福美好的朋友。剛剛其實我在瞬間有羨慕和嫉妒你，而且有點不開心，但我感恩上帝讓我擁有一個值得羨慕又嫉妒的朋友，因為這會變成一個動力，讓我自己變得更好，所以我感謝有你這個朋友存在。」

這是真心話，能夠遇到一個既羨慕又嫉妒的朋友很難，因為有前車之鑑（朋友說我預購書是一件牟利的動作），因此我對自己講說，不要成為那樣的人。

後來E小姐很開心的回覆我說，「你也很棒，我也很開心。」因為她也知道前面發生的那件事，知道我們都不想因為任何原因而傷害對方，不以現在的觀點去評論你所做的任何事情，然後用自以為的正義來提出建議。

同樣是嫉妒和羨慕的行為，這次在我身上帶給我極大的動力，希望之後能與E小姐繼續做好朋友、一起成長，或許這也多虧了之前朋友給的言語傷害，讓我更能將心比心的正面面對問題，而且我發覺，我的脾氣越來越好了呢！

6 資訊的落差就是財富的落差

我不知道每天大家一起床時所接收到的資訊是什麼？是感到心情不好、又要開始煩悶的一天？還是打開電視、翻開報紙，看到新的八卦新聞？希望大家一起床的時候，是被夢想吵醒，而不是被鬧鐘吵醒。

國際化？正面化？由自己做起

我覺得大部分的台灣人，都活在一種焦慮、恐懼以及八卦之中。其實我有個國外的大哥哥曾對我說過：台灣是個八卦島！

八卦島？我聽了很震驚，「為什麼你會說台灣是八卦島？」

「你們每個事件都有很特別的節目會幫它做專題報導，你們的人民好像都很在乎這些事情，每天都在追蹤，」他很奇怪這些八卦都不是演藝圈的，若都是演藝圈的也還好，每個人都有偶像迷戀，「但是就是一些新聞一直炒一直炒，可是最終都沒有答案。台灣人怎麼受得了啊！」

「而且，重點在於這些八卦最終都沒有答案。」他最後下了個結論。

在那個當下，激起我我很大的省思。其實我是個很愛台灣的人，由於很喜歡台灣的人情味，所以最後還放棄了已經擁有的美國綠卡，專心當個台灣人。

我覺得台灣人很善良，但又有點無知；大家很容易氣憤，但又不大用腦。我常常聽到有些理財的人士出來呼籲，「不要看台灣的新聞！」為什麼？首先你有沒有發現台灣很少有國際化的新聞？我們跟全世界是不接軌的，這件事真的很弔詭。我們明明就活在地球村裡面，而且什麼都要求國際化，例如學歷國際化、語言國際化、知識國際化、人才國際化等等，但我們的理財卻是本土化。

當我發現這個問題以後，我便開始在我的群組裡做新聞剪報貼給大家看，希望大家一起床的時候，是被夢想吵醒，而不是被鬧鐘吵醒。其次，我也希望大家一起床所看到的是很棒的資訊，而不是看到一些很狗血的社會事件。

我希望給身邊朋友一些很美好的訊息，除了在群組裡這樣堅持，在我的臉書、部落格也絕不會放負面的內容，因為我覺得人都有情緒，但可以正面去看待你覺得不愉快的事情。

「不知道」就會比較安全？

為什麼我會說資訊的落差就是財富的落差？最近會有這麼深的感觸，或許是我上次去韓國遊玩後的心得。

二〇一三年年底我和老公去韓國遊玩，看到的一切真的被打擊到了！韓國在一、二十年跟台灣差不多，甚至比台灣差，但曾幾何時，所謂的亞洲四小龍，現在台灣都不知道「籠」到哪裡去了，而韓國卻已經急起直追飛到另一個層面。

雖然韓國人是團結的，也因為團結而做了很多機車的事情、惹人討厭，但這都不是重點，你知道嗎？韓國曾在一九九七年經濟危機時，人民自動拿金條出來救國家，想想看，若是台灣發生這樣的事情，我們做得到嗎？

或許你會問，這跟資訊和財富的落差有什麼關係？

因為台灣人習慣於遮住眼睛、摀住耳朵，很多人認為「不知道」就比較安全，然後溫水煮青蛙的過日子。許多上班族就這樣覺得，反正日子就是朝九晚五，就這樣過了，也不管台灣以外的理財資訊與觀念。

其實只要多加瞭解一點點不同的東西，就可以開拓我們的視野，進而更積極的理財。例如每一個國家的定存利率都不同，是不是可以在考慮匯差的風險之後，去選擇一個比較喜歡和安全的國家做定存？

又例如說，全世界有很多檔基金存在，在台灣是有限制哪些基金可以進來、哪些不行，既然如此，你是否可以透過一些國外的銀行，做一些比較想做的基金轉換？這也是個理財的方法，而且還會減少匯差的損失，因為很多基金都是美元計價的。

另外，台灣的銀行最安全嗎？也不一定喔，二〇一三年，台灣最大的銀行在全世界最安全銀行排名裡，是第四十四名，台灣最大的保險公司在全球五百大公司裡，排名第四九九名。你知道全世界目前存在與歷史最悠久的銀行和保險公司嗎？在台灣我們只知道雷曼連動債賠了很多錢，可是你知道在香港買連動債可以無條件賠償到八、九成？同樣是連動債的客戶，在台灣只能賠償到二至三成，這些你都知道嗎？

瞭解資訊就能掌握更多的理財方法

你知道全世界的房屋，台灣的公設比最誇張嗎？你知道目前台灣是房價很高、租金很低的地方嗎？你知道黃金不是僅有黃金存摺，還有很多不同的投資工具？因為很多的「不知道」，所以我們台灣人在選擇投資時，永遠都是房地產和股票、股票和房地產。

我並沒有表示這是好或不好，但我的意思是說，如果你願意多花點時間，去瞭解國際性的事物，那麼便會差很多。我並非要你去瞭解很誇張的金融資訊，其實可以從鄰近的國家來瞭解。

例如日本，其實二十年前的房地產很興盛，只要東京的一間房屋，就可以買下美國房子的兩間，如今日本在泡沫化二十多年之後開始慢慢復甦，很多人會說到日本收租很好，但是，真的很好嗎？我的見解是稅後報酬還好，但是相比之下只要注意匯差，一定比台灣好。

而馬來西亞的房子能不能買？大陸可不可以投資？我都沒有下定論告訴你答案，只是想跟大家說，如果你在資訊完全、資金安全的情況下，去做一些不一樣的套利或投資，對於理財其實是差很多的。

我是個買美國房地產的擁護者，但是很多人一聽到美國買房子都會說，危險啊！可是，到底危險在哪裡呢？

我要講實話，其實在台灣買房地產才危險，坦白說台灣的法律並不是很周全，另外你會發現現在台灣房價很高。而我會去買美國房子的原因，是因為二〇〇八年美國房地產很慘，最近則是回溫了，對我而言，危機就是轉機，我喜歡走景氣的循環，所以，我在二〇一二年底便入場美國房地產。

美國已經實價登錄多年，買賣房子時，雙方的錢都可以放在一個州政府的保管帳戶裡，至於租金的報酬，動不動都是8至12％。如果簡單操作，把台灣的房子貸款，貸款利率約支出2％多，然後買美國的房子，一套利，是不是就有個被動收入了呢？

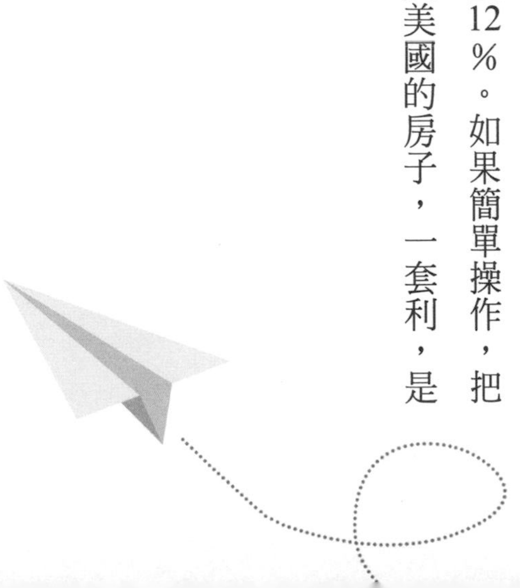

找個朋友一起瞄準最新資訊吧

不過很多人會說，我不懂、我會怕！其實研究後的答案是，這些並沒有比台灣的房地產難操作，而且之後若是美國漲的差不多、台灣也降價了，我再接台灣的房地產就好了，這只是個策略和方法，可是由於資訊的落差，我身邊比較沒有國際觀的人，就會一直說危險危險，要很有錢才能買國外資產。

很多人說，「我每天很忙，沒有時間去研究這些事情啦！」但是我想，其實大家並非沒有時間，而是意願夠不夠。不過我並非希望大家每天研究這些資訊，然後花很多時間、研究得很累，其實可以簡單一點，你可以找個像Jamie一樣，願意幫大家做簡報、提供國際性消息的人做朋友，就能簡單邁開第一步。

如果你現在看了這本書，覺得Jamie這個人不錯，也歡迎加入我的群組，跟我一起成長。我並非是最好的，但我很熱心，我願意將所知道的東西都告訴你，不過所提供的資訊，請自我判斷、自己負責，然後盡情享用。

第②章

開始串連，經營人脈
就是這麼簡單有趣！

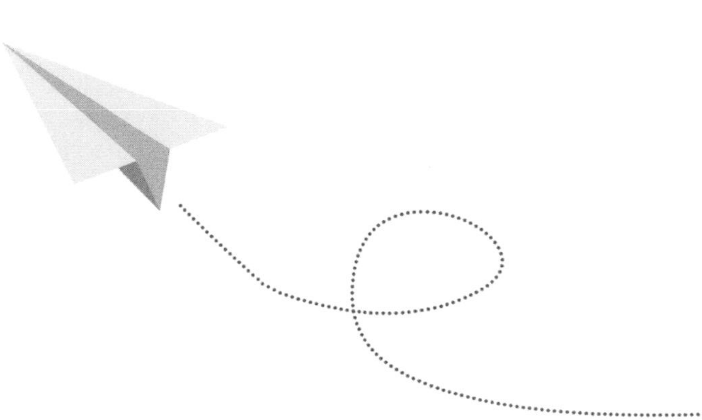

1 一個人就等於一個人脈庫

我參加任何活動都是有目的，選擇喜歡的活動，但沒壓力的認識朋友，因為這是我的人格特質。我絕對不會去參加我不喜歡或對人生無意義的活動，若是財商課程，我會想學財商順便找朋友，讓它創造出第二個價值；而如果是其他的活動或講座，我會無目的去參加活動，但有醒覺找到我想找的人，因為一個人就等於一個人脈庫。

在活動中尋找想結交的朋友

多年前在一個身心靈的活動中，我認識了一個小我一歲的女孩，而這個女孩之後成為我工作和生活上的好朋友。這個女孩我之前曾經提過，就是年紀和能力與我相仿的E小姐。

當時為什麼會特別的注意到她？因為在活動中，有個上台分享的部分，很多人都舉手爭取上台的機會，而被點名到的人，就會跑到講台旁排隊等著上台。這時就看到她，一個人怯怯懦懦的排在分享隊伍的最後面，她是最後一個爭取到這名額的人。

我對她的第一印象是，講話很有氣質，還擁有我所沒有的身材，她很瘦，另外我覺得她很聰明。

她政大研究所畢業，多益考了970分，當時在知名國際手機公司上班，是個高階主管，年薪180萬左右，除了自家很有錢之外，老公是做創投的也很有錢，她上台分享做了幾年的包租婆和房地產的心得，語中流露一心想要創業的夢想。

我很好奇這個女孩如此之優秀與有才華，而且品性很好，雖然她在活動中表現的有些沒自信，但整體而言，我對這個女孩既好奇又感興趣。

私下跟她聊天時，可以發現她的言語都很正面，而且談話內容跟一般上班族都不一樣，一般上班族都會聊到老公、小孩、公婆、上班環境等，她不是，她從頭到尾都在談論著當包租婆帶給她的生命改變。

慧眼識英雄，一定要認識她

在聊天中我可以感覺到她是一個很謹慎的女生。在我的人生裡，我是個神經有點大條的人，在平常與人脈結合時，我會找兩種類型的人合作：

在事業上會找於我特質相反的人，因為她可以跟我互補，但如果在玩樂上，我會找特質跟我相像的，因為這樣就可以一起瘋狂。所以瘋狂的我就會找比較謹慎或數字邏輯比較好的人交朋友，

活動裡差不多有八十個人參加，但我可能是慧眼識英雄，總覺得這女生應該是上班族中的翹楚，而且是我想要認識的類型，以後很可能會變成合作

的對象，不管我要做什麼，若是跟這個女生合作一定是快樂的。

她的價值觀與我相似並有經濟基礎，所以在工作上可以一起投資、合作，這種種的理由，於是讓我心中升起一定要跟這個女生認識的念頭！

在活動結束後數日，我積極的約她出來聊天吃中飯，請教她有關房地產的事情，順便瞭解她的過去和現在；我們聊聊彼此，我想聽聽看她的創業計畫，也讓她瞭解我這個人。

我們相談甚歡，於是開始互相加LINE、臉書，偶而也會約出來吃飯聊天，不久我們真的成為好朋友。

由朋友變成工作上最佳合作伙伴

E小姐在一年後終於實現她的願望，自行出來創業。由於她很喜歡房地產，所以決定開一家公司，專門幫忙團購、仲介、買賣房屋的公司。

在她決定要創業時，曾詢問周遭朋友的意見，告訴我們歡迎加入股東的行列，但我自己的經驗是，當股東是不大會賺錢的，而且當股東的第一年很辛苦，創業維艱，反而我們若是以合作的方式，彼此對彼此會更好。

所以我決定跟她在工作上的合作關係，例如我們曾經合作過新北市某重劃區的房子。

二〇一二年當時她跟我提起這個案子的時候，說一坪二十多萬，我就笑她，「傻瓜才會去買那邊呢！因為你看那邊風吹草低見不到牛羊！」結果隔了半年，她居然賺了一倍，房價已經飆到三十五萬以上了，事實證明E小姐的眼光是精準的。

二〇一三年五月，我帶了一群朋友去買這個我曾經嘲笑過的房子，均價買到三十一萬左右。

因為我認同這個件案，在這個案子之中，就負責找對這房子有興趣的朋友、同學，一起組團去看屋，細節則都是E小姐處理，而由於大部分的人買了此房都是投資所用，需要轉賣出去，所以轉賣的部分也交給E小姐負責，收取的費用也很低。

五月開始，我帶了好幾團去看這個重劃區的案子，一直到七月初，我們便停止看屋行程，因為後來房價就節節高昇，超過了我們預設的進場價，就算朋友想買，我們也不推薦這個地方。

從一個人開拓成一個美好的人脈庫

之後只要是想買房子的朋友，我都介紹給E小姐。其實在E小姐成立公司後，她曾幫我買賣過房子，她謹慎做事的態度，很深得我心，不會坑人、蠻公道的，而且所介紹的物件至少都不會賠錢，人又有耐心，讓我很信任她。

尤其當朋友想要買房子時，她都會把流程細算讓我看一遍，讓我十分安心。

我跟E小姐這樣搭配合作了好幾次，我很喜歡這種合作方式。首先，我不用成本，其次，我就是個平台，有好東西我們就合作，最後，這是一個三贏的狀況。

為什麼我會說這樣的方式是三贏狀況？第一，對E小姐的公司而言，他們有精準的客戶；第二，對我而言，我服務到朋友，並且學習了相關的資訊與流程，這些朋友本來就想買房子，就算不透過我，他們也需要這個資訊，何不讓我來順便建立自己的聲望流呢？第三，同學和朋友能因此而買到團購價，並且有專人帶進帶出，在購屋方面也比較不危險。

目前我的朋友都說E小姐的公司很好，我們於公於私都是好伙伴和好朋友，這一切都要歸功於那場原本以為會很無聊的身心靈活動，也感謝自己總是有醒覺找到想找的人。

2 新朋友帶來新的機緣

新朋友帶來新的機會，但是如果這個機會，看來錢不多、CP值不高，能贏得的東西，看來就是為友誼加分，但偏偏這個朋友也才剛認識，你會想要為這個看似沒什麼深度的機會而點頭嗎？

新成立的社團想找專業老師上課

去年在某一個聚餐上，我發現了一個特殊的男生，就稱呼他為D先生吧。

他年約四十歲，看起來頗為安靜，有著不太主動與人互動的工程師個性，總是帶著微笑、默默觀察與傾聽每個人。

那時候我便判斷，這個男生除非他先主動來找我，否則我不會去找他。

而且我也清楚，這類型的人若是你主動去找他，說不定還覺得你有什麼企圖心。

在聚餐中，D先生和我的老公交換了LINE和臉書帳號，之後我才知道，原來他是中壢某知名半導體公司的高階經理。

過了沒幾天，他想來參加我們的某個活動，於是跟我老公LINE詢問報名的細節，並且問到我的專長內容。在那次的聚餐上，他有聽到我提及目前正在從事的人脈整合、經營社團。

我老公便順便提到他可以跟我學習人脈整合，因為D先生的公司裡有很多工程師，人脈是很重要的課題。D先生聽了之後很委婉的提到，他在公司成立一個理財社，希望能有講師去支援，可是社裡的經費很有限，一直找不到適當的人選。

之後他便主動LINE我，說想跟我約個時間，請教我一些經營社團的方法。因為手邊還不算十分忙碌，所以便答應了這次的相約。

經費少但對我而言是個轉機

見面後，他告訴了我理財社已經召集到百人，以及他對於這個社團的想法，並且想找專業的講師去上課，但表示車馬費很少。

「你們社團的第一個課程我可以去幫你上！」我馬上答應了下來。

「那你的車馬費是多少？」他很客氣的問著，並說他們的車馬費僅能給一千元。

「我的車馬費可能你付不起，」那時我的講師費是一小時八千元，「但是既然我要幫忙，我就不拿車馬費，但是我也不要說我不拿，這樣好了，這一千元你就幫我用你們社團的名義捐出去做公益好了！」

我覺得這樣很好，就當是交朋友，幫了朋友的忙，也做了善事。

「這怎麼好意思呢？」

「怎麼會不好意思，大家交個朋友。」我這樣對D先生說。

所以之後就約定到他們公司社團去上課，而也因為這場講座，我正式轉型為財商老師。

過去我是很有名的業務和芳療的講師，雖然想轉型，但一直捨不得把這個頭銜卸下，去年也拒絕了四、五場芳療課，我知道一定得切割，才能專心往財商圈發展，不過那條明顯的分隔線似乎一直還無法出現。

剛好D先生來找我上課，而該公司也十分有名，於是就順水推舟，不僅達成D先生的心願，也讓我自此之後專心往財商和人脈經營發展。

我還記得這場講座的題目是：「顛覆你的財商觀念，改變你的金錢藍圖」。

新朋友帶來新人脈與新契機

當天我們坐火車前往中壢，在火車站，D先生親自來迎接我們到公司，他十分客氣、有禮的對待我們，並對社團的同事誇獎我是他千請萬請才請來的講師，活動結束還請我們吃晚餐，本來還想開車送我們回台北，說開車一下子不會很遠。

對於他的盛情，讓我很訝異和感激，雖然這可能只是客套話，但聽起來十分窩心。

「不用不用啦，就載我們到高鐵站就好了！」我急忙的說，忙碌了一整天，D先生也該是累了，我們就自己回家就好了。但是他還是一直執意要送我們回家，就這樣在一陣推託之後，最後D先生終於妥協放棄送我們回家，改送我們到高鐵站。

沒經費但有心，還是可以做很多事的，從他的行為舉止就能看出來。因為D先生的如此多禮，在我心裡便建立了一個良好的形象，也讓我覺得他是一個可深交的朋友。

在這場講座之後，我介紹了很多講師，免費到他的社團裡講課，而他也因為這次的合作愉快，幫我約了幾場相關的講座，我所舉辦的活動課程他也都會參與。

從一來一往的互相幫忙，到兩人一起合作活動，這之間的變化不算小，代表D先生信任我，我也信任D先生的能力。

別看近不看遠！時機來了就要把握

D先生曾這樣跟我說，在這幾個月的相處，他們社團的同事都覺得很棒，沒有負面的聲音，第二，他覺得我很真誠，因為之前他有些恐懼我會有一些私人業務的行為，但都沒有發生，所以才開始跟我提出想學人脈經營，以及新的合作方式。

他真的如我之前所預測，是個很謹慎的人，觀察了我一季，才提出進一步的學習與合作關係。

對於這件事讓我想到，我們常常會幫很多人的忙，但是誰會讓你印象深刻？其實是遇到像D先生這樣的人，你才會很難忘記。

為什麼我會特別強調這個的原因？因為如果一個上班族可以如此熱誠的對待人、真心思考這件事，而且可以找到100個人加入他的社團，表示這個人影響力是大的，透過他的人脈，其實你可以做很多事。

另外，我發覺很多人都會看近不看遠，試想如果當初我為了車馬費只有區區千元而不去講課，或許就會繼續延遲我的新發展。所以當機會來臨時，如果你真的覺得值得的話，就要先付出、先吃虧，才能得到想要的。

自己的定位要自己塑造，時機來了就要把握！有時候新朋友就是製造新契機的貴人，尤其是當很多的友誼，最後都會變成源源不斷的金錢。

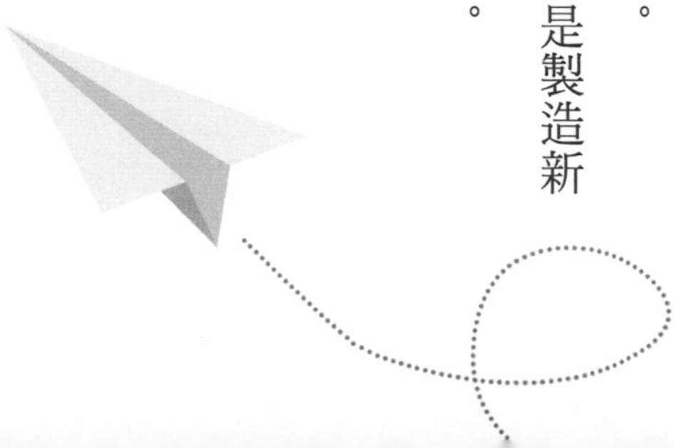

3 網路上的陌生人是我的貴人

因為姐姐幫忙收集的房地產資料，讓我認識了關島的網友K先生，原本只是想交個朋友，或者以後生小孩時，可以到他的產後護理之家舒服的坐月子，但由於雙方都真誠的互動，讓我拿到關島房租投報20％的房子！所以雖說網路上的陌生人要小心，但更要把握這難得的友誼和人脈。

和關島的不解之緣

在我大學畢業之後，媽媽和姐姐去美國定居。很多人會說，你家不是很窮嗎，怎麼會移民？那是因為我家有個有錢的親戚，所以我們是依親移民。

其實國小的時候我就依親移民，記得以前常常為了跑綠卡，需要出境又入境，必須定期踏上美國的領土，而離台灣最近的美國領土是關島，飛機航程只要三到四個小時，因此到過關島五次，單純的入境晃了一下又坐飛機回台灣。

只不過沒想到，如今我拋棄了綠卡，卻又因緣際會跟關島有了密切的關係。

我親愛的姐姐雖然身在美國，但知道我喜歡投資美國的房地產，於是特別幫我收集了網路上有關關島房地產的資訊，心想若是我喜歡想投資的話，飛過去也不用多少時間。

由於關島不大、島上的華人少，而在華人之中是台灣人的更少，在這些資訊中，姐姐就剛好收集到一個在關島做房地產、月子中心、夏令營、民宿等的台灣華人K先生。

姐姐將這些訊息EMAIL給我，一開始我不以為意，於是先看看K先生在關島做了些什麼。

來個理財型旅遊吧

我瀏覽了他的臉書和相關訊息，發現這位大哥應該是屬於弓箭手鷹眼，加一點綠巨人浩克型的個性。

為什麼會這樣覺得？因為每次看到他寫在粉絲團的內容，都是很精準的字詞，而且沒有贅詞和形容詞，也正因為K先生具有這樣人格特質，我決定花點時間跟他做朋友，順便瞭解關島房地產的狀況。

之前去財商團體上課，有位老師曾說過，我們要做理財型的旅遊。因為這句話，所以也養成我到世界各國旅行時，都會至少問問當地人他們房地產目前一坪多少錢？保險利率多少？定存利率多少？等問題。

於是，我決定再來一趟理財型的旅遊，去造訪二十五歲前就去過五次的關島。

在尚未出發前，我便與這位大哥K先生聯絡好了，我跟他說我要去關島看房地產，他也答應說會帶我去探勘。

就只是想先交個朋友

很多人可能很好奇，為什麼我會想跟K先生做朋友？

基本上我若要在關島投資房地產，我一定選擇台灣人，除了有著共同的語言，想法可能也會比較相近；第二個原因是，K先生在臉書上詞彙使用的很精準，讓我覺得他在理性和邏輯思考上是比較完整的，而且當我問問題時，他都會回答我，態度客氣且禮貌。

至於我所關心的房地產，說實話，並沒有被關島所吸引，因為關島的租金投報只有10％至12％，而且房價起伏也不大，相較於美國其他地區，對我而言那些地區的租金報酬更高、差價更大。

老實說，這趟去關島，主要是想要交個朋友，跟K先生交朋友，而且覺得能認識K先生也不錯，以後如果想孩子，也能到關島生孩子並且坐月子。

基於這幾個原因，在二〇一三年七月底，我和老公去了關島，與K先生碰面，但從此結下不解之緣。

由於相談甚歡，我還對他說，下次回台灣，我將會免費無償的幫他辦一場關島房地產的講座，他聽了很開心，而在他十月回台灣時，我也真的幫他辦了一場二十多人的小型講座，活動十分成功。

租金投報20％的機會

由關島回台灣後，我持續關注K先生的臉書，而很多朋友也因為我從關島回來後，寫了一篇關於關島房地產的文章，而對關島產生興趣，也紛紛加入他的粉絲陣容。

時間到了十一月，我又被一群朋友要求陪她們去關島玩，在還沒答應時，我居然發現關島有一個物件租金投報20%，我馬上LINE K先生，表明想標下此物件。

在此我想先請問大家，如果這麼好的物件出現，有三個台灣人同時LINE K先生，而其中一個台灣人曾特別飛去關島，只為了跟他做朋友，並在網路上也互動過一陣子，也知道這個女生有一定的影響力，而且既和善又客氣，請問K先生會把這個難得的好機會給誰？

所以，當下我就得標了。

其實事後K先生有跟我說，當時同時有很多人競標，但是他決定把機會留給我，因為我的廣告價值比較大。

這個例子也可以給大家做參考，只要成為一個可以被利用的人，或是可以提供支持、有自身的價值，就可能成為別人交朋友的第一優先。

有了此次經驗，激發了我如果有機會也想到關島做生意。

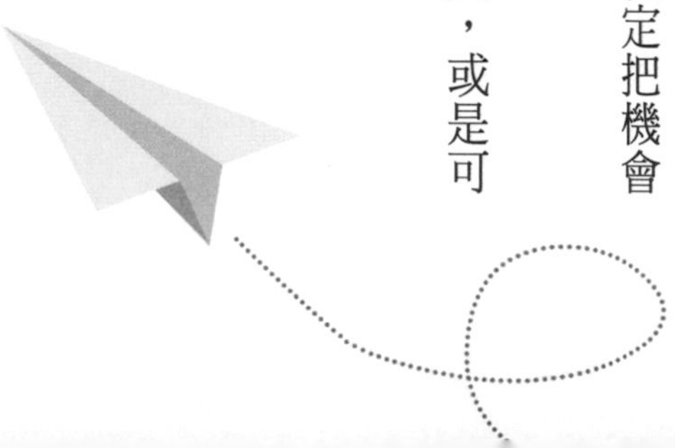

臉書是你在網路世界的門面

對了，在這裡要提醒大家一下，由於大家都是在網路上認識，雙方無法在真實世界裡面對面瞭解，這時臉書、部落格就是你的門面，這些虛擬網路所呈現的內容，便是網友決定對你的印象加分或減分之地。

所以盡量不要寫些負面的東西，很多人喜歡在臉書上抱怨，但這些內容都會變成你的形象代表，而當有新朋友想要從臉書更瞭解你的狀況時，這些內容就會決定你的形象。另外在LINE、WhatsApp的暱稱，也請不要使用情緒化的字眼，這也會讓網友以為你就是那種喜歡謾罵或情緒容易低落的人。

其實反過來說，你也可以善加利用臉書、部落格來塑造形象，陽光正面的內容、幽默有趣的分享，都能使你的形象加分，讓不認識你的網友獲得好印象，所以不要輕忽網路社群的能力，水能載舟也能覆舟，千萬要好好運用這個虛擬的門面。

4 醫生是個很特別的族群

醫生這行業對普通人而言，有種高不可攀的形象。其實過去我也有這種想法，而且常常聽到業務族群的朋友跟我說，跟醫生互動要小心、要奉為上賓，但我是一個比較沒有辦法卑躬屈膝的人，收入也非低於醫生，所以以前並沒有一定要跟醫生交朋友的念頭，直到有件事情的發生，才讓我對於醫生族群開始有個不一樣的想法。

醫生幽默有趣但難搞加倍？

故事是這樣的，三年前在房地產還沒飆升到那麼高的時候，有次我去聽一個房地產的課程，活動的內容是包租公成果展。

當時有個人上台報告他的案子，邊講邊笑，聲音很爽朗、笑聲很特別，那時就引起我的注意，猜測這個人是什麼行業？剛好旁邊就有人說著：「哈哈，S醫生真的很不像是醫生！」

天啊！這個人原來是醫生，怎麼跟我以前的認知差這麼多啊！當下就決定想跟這個醫生認識，因為我很少遇到一個這麼俏皮的醫生。於是活動結束後我跟他要了電話和LINE，希望後續能有互動，可是因為我很忙、他也很忙，直到過了一陣子我才開始LINE他。

一開始發現他回應我的速度很慢，那時我心中暗想：他是不是不想跟我做朋友、不想理我？可是後來才發現他是急診室的醫生，上班的時間非常固定，不是從晚上八點上到隔天早上八點，就是從早上八點上到晚上八點。

有時後白天LINE他，因為他上夜班，所以白天在睡覺，於是無法回應；但有時又因為他在上日班正在忙，所以也無法回應。後來瞭解了他的作息後，終於選了一個他一定可以接到LINE的時間，然後跟他相約。

救人是使命，不一定當賺錢工具

我們約出來聊天之後，相談甚歡。我發現他是在醫生族群中少數願意花時間做理財的人，而且S醫生的心很開放，跟我提了許多他正在學習的東西，而我也問了他為什麼要做急診室醫生，而不是其他？

「急診室醫生的上班時間固定，休假也很固定，可以有時間去學習，不會因為工作而一直被CALL回去。」不過他一直希望有一天能有其他的生涯規劃，能輕鬆自由的幫助別人。

聽到這裡我嚇一跳。

「救人是我的使命、是興趣、是喜歡做的事情，但不代表要當作賺錢的工具。」

我覺得S醫生很有趣，這也是我第一次遇到收入已經不錯的人，在我面前說喜歡目前的工作、但賺錢想找別的方式。

在聊天中他知道我目前過的不錯、努力都是靠自己，也對我刮目相看，我們都很高興有這次的碰面機會。

不過你以為故事到這裡就是結束了嗎？其實這才是個開始。

不被當肥羊宰，來成立 LINE 群組

後來我就跟S醫生持續保持聯絡。

二〇一三年夏天我開始從事人脈經營，當時基本上我喜歡經營的人脈，是以工程師族群為主，但某次到醫院跟S醫生聚餐聊天時，激發了新的想法。

S醫生問我最近在做什麼？我說，開始做人脈經營和理財規劃等。

「這樣好了，因為我們醫生這方面的資訊都比較落後，常常被當肥羊宰，可不可以我們來成立一個LINE群組，我把我比較要好的朋友加進來，請你每天發訊息給我們？」

S醫生說，因為醫生平時很忙，要他們出來聽講座、參加活動，機會很低，但是醫生們基本上會上網，所以用LINE當訊息中心不錯。

「好嗎？可是你們醫生族群……不是都有點自恃甚高，會接受這種概念嗎？」

S醫生是個很陽光的人，他馬上回答：「會啦會啦！反正我自己也想要瞭解。」

於是他就成立了一個LINE群組，這個群組的人其實不多，大概快二十個人。

因為醫生很忙、可能沒時間看報紙，所以我每天會在群組裡放些工商時報的精選，還會放最近發生的重大事件，然後也放些股票的訊息。

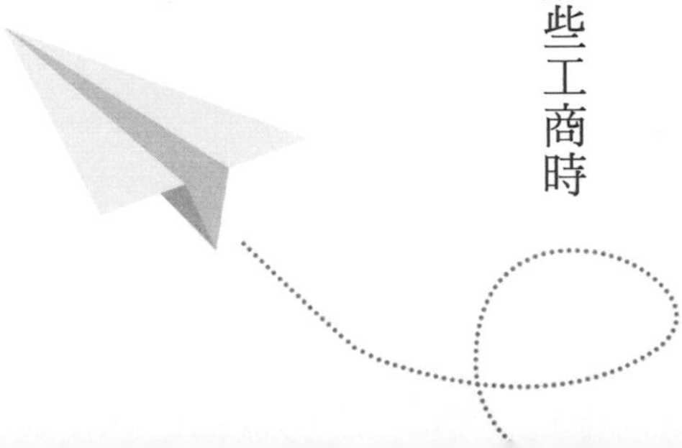

終於得到信任，得到溫馨的回饋

一開始就如同我所預料的，很多醫生很有抗拒心，會看訊息但基本上不太會回應，甚至有些人遲疑了很久，不想加入群組，當然也有人途中退出。

前一兩個月其實沒什麼人理我。醫生是很聰明的族群，他們會觀察你到底在做什麼，甚至還會有受害者心理，想說：哈哈，你又把我當肥羊了！但是後來他們可能發現我只是很單純想把資訊分享，漸漸的就有回應了，有人會貼圖例如一個笑臉回來。

而最令我訝異的是，有一天在群組中某個醫生留言：我們來約吃飯吧，我們來請Jamie吃中飯！然後另一個醫生居然說好，然後大家就真的決定請我吃中飯了。

我嚇了一跳，就問說：怎麼了？結果一開始留言的醫生說，因為之前看到我的股票訊息有賺到一些錢。但是，奇怪，我記得在貼這些股票訊息時，沒人反應說有跟還是如何啊！

於是就因為這個原因，我被邀請到醫院跟一群醫生吃中飯。

而這頓飯原本是其中某個醫生要請客，但是在用餐時遇到一個人跑過來，頻頻謝謝這個醫生當時如此照顧，然後就把這桌的費用結清了。原來這人曾是此醫生的病人，剛好路過想報答醫生的照顧，於是就幫他買單。

這次是我第一次跟一群醫生吃飯，而且如同朋友般的聊天著，他們尊重我的專業、我尊敬著他們的專業。

不是冷漠自傲，原來還很可愛

至於令我訝異的第二件事情，是當時同桌有個心臟科權威的醫生，看起來非常的冷漠，在大家聊天時都沒什麼回應，後來我才發現，原來他真的很忙很累，所以都沒搭腔。

但是有次居然在我的新書預購會看到他，當我看到他時真的嚇了一跳，但他默默的出現，又默默的走了。相隔一週，他又在我另一場活動出現了，這次我就抓緊機會問他，怎麼有空可以過來？

「沒有啊，只要禮拜六下午沒事的時候，我就會看看有沒有辦法參加你的活動。」這次我當然沒能讓他離去，他跟我聊了很久，家庭、過去、現在和為什麼會成為醫生等等，讓我覺得，醫生其實也蠻可愛的。

之後我們的互動增加，我也幫他建議一些配置，他也覺得不錯。

他曾問過我：「你會不會覺得我們醫生很機車、很龜毛、時間這麼難敲？」

「不會啊！」我說。

他覺得真的對我很不好意思。

「你不要覺得抱歉，那你幫我多救幾個人好了。」我這樣回覆他。

其實後來我發現，醫生大多不是冷漠或是自傲，他們是真的很忙又很累，真的沒時間回應和互動。

魚幫水水幫魚，朋友都是互相的

朋友都是互相的，在這段日子我幫這些醫生很多，醫生朋友們也幫我很多。

例如前些時候可能因為壓力的關係而停經，自己看起來虎背熊腰、很壯的模樣，當下我很害怕，馬上就LINE這個醫生群組，請他們判斷我是怎麼了？

這些醫生很熱誠且即刻的回覆我，其中有個醫生還說，要不要馬上到醫院來，他幫我抽血檢查。後來我才知道，原來中藥可能會有類固醇，當時我為了治療停經而吃中藥，結果就變成這副模樣。

對了，在認識醫生族群之後，我還發現一個很有趣的地方。

原來這些男醫生的錢都是老婆在管，所以你問我醫生是否很有消費能力？其實沒有，他們都是用自己很可憐的私房錢在消費，大部分的投資理財都要詢過醫生娘，所以結論是，當醫生娘還蠻好的。

5 1到100人的人脈串連小撇步

認識新朋友，除了參加財商團體的課程，以及交換LINE、臉書交換通訊的方式之外，我覺得還有一個方法不錯，就是利用午休或下班之後的時間，請個懂得理財或某方面的專家，一起來個「午餐的約會」或舉辦讀書會，開啟大家的學習之門，用相同的興趣串連起人脈。

串連人脈，建立自己的聲望流

我常跟朋友說，你在自己的朋友群中要有聲望流。什麼是聲望流？就是影響力，也是你的名字的品牌形象，例如說，聽到Jamie這個名字，就會覺得是輕易豐盛、環遊世界、鬼靈精怪，或是人脈和資源整合理財的專家。

那麼請思考一下，當大家聽到你的名字會聯想到什麼呢？我詢問過我的朋友們：你在同事之中是什麼樣的形象？朋友們這時就傻眼了，因為他們是工程師或是醫師，一般都不會想到這件事。

我們都有工作上和私底下的形象，當然工作上有自己的影響力，但是如果在私底下也有影響力的話，便能創造很多商機。我記得有一個老師曾經這樣說過：

「當你可以影響五十個人，至少你就可以團購，便宜的買東西了。」

至於該怎麼做？其實很簡單，你要常常讓朋友知道你的專長和特殊能力，例如理財、旅遊、3C等。

少數人的串連法：午餐的約會

「那要怎麼接觸？」當時朋友幾乎都這樣的反問我，相信這也是大多數人的問題。

現在就教大家一個最簡單的事情─辦一個中午的餐聚。

上班族很多人中午都休息一至一個半鐘頭，現在就揪幾個你比較好的朋友，或是最近同樣感興趣話題的同事，說要來個「午餐的約會」，而在餐聚裡將會有一個懂得理財的朋友一起參加，這個朋友將會告訴大家他最近買賣房子（或是理財觀念）的心得。

當大家餐聚之後，為了維持上進的熱度，可以申請一個LINE的群組，以後大家都在此聊天、提供新訊息，或陸續加入對此有興趣的同事、朋友，以後說不定就可以一起去看房子或互通有無。

注意，如果你連這個三、五人的餐聚都做不到，表示你這個人可能需要好好檢討一下友情問題，或是同事對你的印象真的很不好。至於這個共同午餐的「專家」人選，可以從身旁深藏不露卻被你識破的同事，或社區大學、財商團體的老師來尋得。

從真實世界到虛擬世界的互動

我有個朋友，是某科技公司的主管F先生，他也正想要嘗試中午餐聚的方法。

由於該公司中午有一個小時半的休息時間，於是他揪了幾個朋友，大概一場五、六個人，我們一起吃中飯，然後介紹我給大家認識。

他之前已經跟朋友提到這次會來一個年紀才三十出頭，但是已經財富自由、環遊世界、過得很快樂的朋友，所以大家頗為期待，相見之後我們也相談甚歡，而最後結束的時候，我就跟大家提議，我們大家來成立一個LINE的群組。

「這個群組成立之後，你們也可以加些朋友進來，那我們裡面就是交流一些財商的觀念。」我這樣對大家說。

之後大家就紛紛加入這個新群組，人數初期可能只有六、七人或十人，後來大約會增加到六、七十人。這時候我就會慢慢開始經營，每天更新理財資訊以及他們所需的內容，直到他們對我有信任感的時候，我再把這個小群組的朋友放入大群組中，讓大家更可以在大群組中交換理財的觀念。

我發現在這個過程中，我幫F先生培養了聲望流，同時也讓我們兩個認識與串連了同興趣的朋友，而且這位F先生也因此即將成為下屆公司的理財社社長。

跟有附加價值的人交朋友

另一個例子。我認識幾個某航空公司的空姐，坦白說，除了醫生族群，空姐也是一個很值得認識的族群，不是因為她們收入高，而是因為她們特別的漂亮。

看到這裡別說我說的太明白，認識漂亮的女生是有好處的，首先因為你認識空姐，所以男工程師都想要跟你做朋友，第二，空姐到國外時，能幫你買到便宜的東西回來，第三，空姐本來就有國際化的觀念，她可以幫你做很多的見證，像我有些空姐朋友，她們本身就有做國際的投資，所以我也很喜歡認識空姐朋友。

由於空姐朋友都很喜歡理財，我也很想認識這塊族群的朋友，於是便想大家有空的時候來互相交流理財觀念，不過一般而言這時都會有一些負面的聲音，例如她們常會說：「我們累都累死了，哪有體力啊！」可是我都會直接忽略這些不積極的聲音，我告訴她們，我們還是必須建立聲望流。

空姐比較難聚會，她們總是飛來飛去，所以不久我們就有了一個「明天一起飛向財富自由」的群組，目前群組人數正慢慢增加中。

空姐跟醫生族群一樣，都需要慢慢經營，而我會想跟空姐交朋友，主因是我覺得她們有很高的附加價值，在此要先說明，這裡的附加價值並不是說她們的收入很高，而是她們國際觀等。其實她們上班如此的辛苦和承受壓力，但年薪可能比工程師低，相比之下，這樣的年薪的確真的不高。

50人的串連法：大家來參加有興趣的講座

人數少的人脈串連方法，可以藉由辦餐聚、加LINE彼此互動，而在這互動之中，當然也要找對人來負責揪人的工作—地位比較高、行動力比較強、號召力好的，將會讓事情事半功倍。

那麼串連50人以上該如何辦到呢？

方法與人數少的人脈串連方法相似，但是這次不是午餐的約會，而是請專人或老師到公司來辦講座，或下班、假日於私人場地辦活動，然後同樣組成新社群，互動成長。

我的方法是這樣的。我是講師的身份，會藉由朋友的介紹到該公司辦講座，而講座有兩種，一種是公司內部舉辦，但公司內部會比較多審核，不一定辦的成；另一種則是私底下找地方辦活動。

若是下班後在外面舉行的講座，通常我都會提供大家感興趣的免費課程，請朋友帶有相同興趣的同事、朋友來上課，例如我常常辦國內外房地產講座、人脈資源整合，或者是房貸信貸一把罩的課程，因為一般人對於這方面並不是很瞭解，上起課來分享經驗，大家也會聽得津津有味，而這些課程也會放在部落格去宣傳。

100人的串連法：舉辦大家最想知道資訊的活動

至於如果想認識100個朋友，該如何串連？很簡單，同樣以大家感興趣的講座、活動為主，在活動當場就請大家填寫回函，而回函裡請大家留下LINE的帳號或EMAIL，以便後續聯繫。

如此收集資料之後，就可以將大家加入一個新的LINE族群，而這些曾經參加過活動的朋友，可以自由選擇被新族群邀請後，是否要加入或不理會，至於這個維持新族群的人，可以是發起者，也可以是活動的講師。

在50人或100人的族群中，我幾乎都是新族群的群主。

不管是人多或人少的新族群，在群組開始的第一天，我都會先自我介紹，我就是當天講座的講師，再提一下我的背景和身份，接下來便開始不定時的提供這個族群需要的資訊，例如財經日報、每日名言佳句，以及理財資訊免費課程。

一開始很多人雖加入但會很冷淡、不回應，但我本著熱誠，繼續與他們互動。其實我瞭解，現在的人很寂寞並冷漠，每天都在上班忙碌，而多一個可以互動的群組時，剛開始都會另眼旁觀的多。

但在這過程中，除了發新的訊息之外，我不打擾他們、也不特別約他們，大家便會開始拋開冷漠，偶而就會報名我的課程，漸漸的大約一個月至兩個月之後，他們若有需求就會主動在群組裡詢問。

經營人脈靠積極與有心

上班族若是想要串連起這麼多的人脈，可以請公司的福委會幫忙，或在公司裡申請成立相關的社團，不過千萬一定要有心好好經營，而且經營族群是有技巧的，要適時和適度，才不會打擾到別人。

另外，不要覺得做人脈連結一定會有商業意圖，出門在外就要靠朋友，多交朋友準沒錯。你可以運用現在的通訊軟體，以及有效的資訊來慢慢經營與串連起人脈，但建議不要在群組裡隨意開啟聊天室聊天，因為在50至100個人的群組裡，這樣的聊天方式會很雜亂。

以上這就是我串連人脈很好玩的地方，我把它當成一個遊戲，而認識一個人，就是認識一個新的故事和人生。

最簡單串連法！你可以這樣做

1. 先申請一個LINE或臉書的族群，取個符合的群組名，例如「愛幸福」、「愛自由」均可，寫上成立宗旨，例如懶人學習可以快速得到資源等。
2. 將宗旨寄給志同道合或想幫忙的朋友，邀請他們一起加入群組。
3. 推選其中一人或數人每天輪流貼相關資料和資訊。
4. 長期互動達成目標。

第 3 章

就是要三赢，你好我好大家好！

1 為什麼要三贏而不是我一個人贏？

每個人都有自己的價值，只要把它發揮到最大，不擅長的部分，只要選擇與別人合作就好，不要什麼錢都要自己來、自己賺，這樣就會失去健康和生命的意義，而且通常最想獨贏的結果就是虧損最多，還不如借力使力，利用人脈整合的美好，創造出多贏的局面。

一個人的力量有限，每人專長不同

我從小就很愛錢，從不會虛偽的跟別人說我不愛錢，因為我覺得錢這麼好的東西，為什麼你會不愛它？既然不愛它，就請離開它吧！我無法接受很多人都會謙虛的說自己不愛錢、說到錢就會很尷尬，我不會，我就是愛錢，如果你不喜歡可以給我，不過請放心，我是個君子愛財取之有道的人。

說到賺錢，似乎需要什麼都要會，要會股票、房地產、基金，還要會人脈經營、會交際等等，但是人生苦短，若要什麼都要會，那不就忙死、累死了嗎？所以我一直想不通，為什麼人都跟牛仔一樣很忙才能賺到錢？

我喜歡跟人親近溝通，所以才開始人脈經營，若逼自己去網路行銷或當房仲，那不發瘋了才怪！可是賺錢是件重要的事，既然我不會其他的賺錢的方法，就必須好好運用我的強項—人脈關係來達成夢想。

例如很多人都說，要搞懂房地產，就必須看過100間房子和與50個房仲做朋友，但哪有這麼多的時間來做這件事呢？

我發覺，其實只要跟一個認識50個房仲的投資客做朋友，便可以像是親自認識五十個房仲一般達到相同的成果，於是我決定尋找可以做這件事的人，而且必須跟這人是朋友，並且信得過他。

我會在群組貼最新的財經剪報，但這也不是我自己做的，而是很喜歡理財並且是專業講師的乾哥所製作的，他每天都會LINE給我當日財經頭條剪報；另外讀書心得也是我聚集朋友辦讀書會，大家將心得所寫成的。

我心想，獨樂樂不如眾樂樂，所以在徵求乾哥和讀書會的朋友同意之後，每天收到剪報、讀書心得便轉貼到我的族群，讓大家都能享受到即時新知。

至於乾哥在這模式裡得到什麼？他得到我的親情（友情），我很注重跟他的關係，我成了他很重視的妹妹，所以這樣也達到三贏的局面。

金錢與時間的報酬都要顧慮到

或許你會說，親力而為是重要的。我的朋友P小姐也曾經這樣身體力行過，她是個上班族，曾為了6.4％的租金，把所有假日的時間都賠上去，每個星期六日都去看屋，尋找適合可以隔成套房的房子。

P小姐的年薪約一百二十萬左右，每年做股票大約可以賺到30％，有一天她突然發現房地產比較穩當，所以就開始想當包租婆，預計把原有的房子拿去貸款，再去買一間新屋，然後隔成套房出租。

但好房子難找，就這樣持續找了半年之後，有天她找我諮詢，臉色憔悴的告訴我她最近在忙什麼。

「我不懂，你為什麼不直接買別人已經隔套好、租金有６％的房子？」直接買就能省去找房子的時間啊。

「我如果自己弄，可能會有７％喔！」

「所以說，你是為了多賺那１％？你覺得這樣的時間報酬值得嗎？」

「好像…不大值得耶。」她想了想，覺得好像不大對勁。而且這時她也才發覺，因為把所有的時間都拿去找房看房了，原本擅長的股票也無暇操作許久，連老公也唉唉叫說老婆不見了。

「我的答案跟你不一樣，」我這樣跟她說，「如果有個人直接將隔套６％的房子丟出來給我，我會直接跟他買，我不會為了多賺那１％而親自下海！」

凡事都自己來自己賺，划得來嗎？

我跟她這樣分析，例如一間一千萬的房子，每月多賺1％，就是一年多賺十萬元，一個月多賺八千元，而為了這八千元她花了多少時間？

P小姐算了算說，一個月至少要花四十個小時。

「我覺得你的時間應該更有價值吧？」

她聽完後嚇一跳，頻頻說怎麼沒想到這點！

其實很多事情不能只看帳面上的報酬，還要看時間的報酬。

「如果你時間這麼不可貴的話，我一個月花八千元跟你買，讓你多賺那1％，可是你要給我四十個小時，這樣你願意嗎？」

「當然不能接受啊，我年薪這麼高，不可能時薪二百元啊！」

「可是你正為了那1％在做這件事啊！」我打趣的說，「那我跟你買一年嘛，或者未來十年都買，因為我覺得時間很有價值！」

我跟P小姐說，房子是她所不擅長的事情，為什麼要自己做？當學會的時候，時機早已經飛走了。「就像是我想學會你股票操作一年獲利30％的能力，也是要學很久才能學會，為什麼我不一開始直接請你教我就好了？」

專業的東西交給專家來做

很多人在投資理財、買賣房地產時都會這麼想：最好我都自己來，不想給代銷賺、不想給議價的人賺，只要我一個人賺，但是通常這種人虧最多。

因為收集資訊和找區域是需要時間的，其次，如果跟代銷或建商沒有良好的關係，而你只買一間房子，誰要跟你議價？如果這些都交給專業的來幫你做，一坪可能省下兩萬元，再加上需付出的議價費，比一切都自己來還省得更多呢。

至於買屋之後，找誰幫你賣屋？一般團購買賣屋是一起處裡的，若是自行買屋，除非還想自己賣屋，否則這時還是需要找一個房仲業來幫忙。

我的想法是，專業的東西交給專家來做，不過專業不等於銀行裡的理專，以及電視裡的名嘴，而是客觀觀察自己身邊已經有此經驗並成功過幾次的人。

不過，想要一切自己來其實也無所謂，只是將專業的交給專家處理，我覺得對於上班族會比較舒服。自己來做並非不行，如果你是個不忙碌的人、同時也是個高手，自己做是ＯＫ的，但如果你既不閒又很忙、也不是處理此事的高手的話，建議還是交給專家去做。

不過在這裡我要強調，資訊是有價值的，我遇過很多人對於這樣的行為（代銷或議價）以及資源整合，是採取比較負面或消極的看法，我心裡總是覺得，在人的社會裡，就是要互助合作，如果你什麼都要自己來，可能最後就會成為最賠的那個人。

借力使力、豐盛的交換是重要的

所以我這個人還蠻讓利的，我跟別人合作時都是把最大利潤給別人，開心就好，能賺到開心也不錯。

一般上班族每天忙忙碌碌，根本沒有時間可以停下來思考什麼是最有價值的事，也因為沒有時間，所以沒辦法去做投資理財的事，而如果真的去做了而做不到，又有人會在旁邊閒言閒語說不夠盡力、想成功的動力不夠，其實這一切都因為用錯方法。

就好像有一個一千萬的房子，兩人合資，出資的比例可能是一人一半，也可能你出一千萬、房屋名字是你的，對方一毛都沒出，而這房屋買賣的操作人是對方而不是你，你覺得獲利要怎麼分才合理？

一般上班族可能會想說，我出錢耶，我上班很累耶！這時就會想要拗房仲或那個操作人，如果一人出資一半，利潤最好是五五分。

而我則會提出三七分帳，對方七我三就好，如果我出全部資金，我也願意至少五五分。或許你會說，錢都你出耶，怎麼還願意五五分？其實你沒看到我所省下的時間是多麼有價值。

坦白說，有辦法的人，最不缺的就是錢，這時若是光是用錢去合資，說不定人家還不想要、理都不想理你，因為有些人是看人情和感覺來合作的。

利用人脈資源輕鬆來達到三贏

很多上班族不想自己去找房子，但找人合作的時候又小氣龜毛、不讓利，還會心裡想對方賺我好多！

其實其中很多行政和人脈連結成本是很高的，是你看過100間房子嗎？還是你有50個房仲朋友？都不是啊，你只是出錢而已，但是切記，能出錢的人很多，能出資源的人很少。

人不可能什麼都會，但是你可能擁有各種不同的朋友，只要跟這些當朋友，就能獲得他們的專業，但是請注意，為什麼這些有才能的人願意跟你做朋友？你是不是也是個值得交的朋友？

所以最後我想通了，我不必什麼都會，就讓我的人脈來跟我豐盛的交換吧。

2 無中生有，沒資金也能創造三贏

因為平凡，因為沒有錢就沒有夢想，所以只盼望人生不要往下墜落、更不奢望發光發亮嗎？這次我就要說個真實的故事，讓你知道我們雖然只有一份小錢、一點凌亂的時間，但是卻可以集眾人的金錢和時間，利用創意和智慧，讓手中掌握著多份友誼的力量，達到勝利甚至是三贏的局面。

用自己的能力去交換所需

之前看到某本周刊的專題，讓我馬上聯想到這就是所謂的「三贏」的美好。

一個二十二歲的女生，月收入兩萬多，手頭上沒什麼錢，她想去上財商單位的課程，但這課程一年要十二萬元學費。

不過這個女孩子很聰明，首先跟這個財商單位的主辦人，談了一個豐盛的交換，因為這女生的行政和文書能力很好，所以可以憑藉著假日到這個財商單位打工，贏取學費的折扣。

她每個課程都會去上課，但在課堂上除了聽課之外，還會做一個特別的事情—只跟三十歲以上的大哥大姐留電話、做朋友。除此之外，同時她也去上房地產的課程，然後利用空閒時間去尋找低於市價的房子。

有一天終於讓她找到一間心目中合適的房屋，她很想買，但頭期款要三百萬元，沒錢怎麼辦？

一份企畫案換來房屋的頭期款

於是她便寫了一個企畫書，約當初在財商單位認識的大哥大姐出來，把企畫書跟每個人講解，希望能獲得他們三十萬一股的投資，並且承諾他們一年會支付6％的租金報酬。

這些大哥大姐們其實手上也不差這三十萬元，而且覺得這女孩的企畫內容寫的很好，於是決定要支持她。這女孩子在收到十個股東的投資金額後，如期買下她喜歡的房子，然後認真的將房子裝潢，隔間成為一間間的套房，並出租出去。

兩年後這女孩將房子賣出，原來當初她買下這間房子的重點，就是想要賺取買賣房屋的價差，而租金則是預計給股東的報酬。

在兩年之間，她詳細將這些過程寫在部落格裡，當最後把房屋脫手賣出時，她也因為部落格豐富的內容而成為某個商業周刊的採訪對象，頓時從一個兩年前月收入兩萬多的女孩，搖身變成一個小時三千元的財商講師。這便是充分發揮了沒有錢、沒有資源，但是藉由企畫書和人脈，還是可以做到很多事的最佳例子。

這個故事給了我很大的啟發，讓我震驚原來這樣也可以達到目的，創造出所謂的三贏場面！它更讓我們可以捫心自問：第一，我們並不是像這女孩一樣手上一點錢都沒有；第二，我們的人脈應該比這女孩子多；第三，人家有動力去執行夢想，你有嗎？

有計畫經營人脈創造多贏

同樣是上課學費十二萬元，有些人聽到這麼高的花費就選擇放棄，而她則是選擇用交換的方式，使學費減少，有能力去上課。

有些人覺得沒錢就不能當包租婆，但這女孩子懂得去創造，而且知道利用部落格內容與人氣的製造，讓她被媒體發掘進而報導，最後在二十五歲這年終於有名有利。看了這個經過，坦白說，我覺得這個女孩子未來只會越來越有名、越來越有錢。

這樣的概念其實你也可以套用，只要有環境、人脈、創意，就可以做你想做的事情，這也就是我想經營人脈的原因之一。

就好像這個女孩子的例子，讓大家都很開心：

女孩子很開心，因為她得到十個人的支持，運用這些錢達成夢想，兩年後變有錢，甚至有名聲；股東很開心，因為他們支持了年輕人的夢想，並拿到一年6％的房租報酬；雜誌也很開心，因為他們找到一個值得報導的人。

或許這個女孩子一開始並不是這樣設定夢想的，但是這就是資源整合和人脈資源的迷人之處，我也由於這個故事的啟發，開始將這種概念，放在各式各樣的投資案或理財方式裡。

例如目前我正開始運用所謂的「保證金」方式，讓朋友們能免費上到喜歡的課程，又能幫助到別人。

現在開人脈資源整合課，我採取不收費但會先預收一筆「保證金」的策略。如果參加了課程並協助身邊的朋友、提供一些有助於他們的訊息，這保證金一個月之後就會退回給你，但如果半途而廢，我就會把保證金捐給慈善機構。

目前大約有三十個好朋友參加，他們各自加入了三十個朋友到自己經營的群組，也就是說一共有九百個人參加這個群組，我請助理每天貼每日新聞給他們，這也表示說，我們又幫助了九百個人，並且認識了九百個新朋友呢！

找個能在身旁督促你的「教練」

如果你很羨慕這個女孩子「戲劇」性的經歷，也想如法炮製一番，但是卻沒有如此的毅力、詳細清晰的人脈運用計畫，以及經常會陷入自己不理智的情緒中，我在此建議，你可以找個「教練」來輔佐你的理財計畫。

找個品行好、生活過的比你好，理財觀念也不錯的人，來當你的教練，這個教練的工作就是能在一旁提醒你、鞭策你，使你能達成目的，令你不至於因太累、太痛苦而放棄。

為什麼需要心靈或理財的教練？因為人總是身在迷霧中而不知，有時候太沈溺、太執著於某件事情的時候，就需要有人來點醒你，所以我很建議大家好好找個教練，讓這個教練在奮鬥的路上能跟你說說話、給你一些意見。

我也有自己各層面的教練。我的教練有屬於天上界的，例如我的主耶穌，撫慰我的心靈；也有地上界的，就是我的財商老師，會給我一些建議。他們在我的人生中，佔著不可或缺的地位，

所以請你也試著去尋找自己的教練，然後結合自己的人脈，整合四周有用的資訊，創造出所希望、夢想的人生。

3 人脈的正面循環，有錢大家賺

很多時候，只要你心存善念行事，在人生理財的道路上，就會有人為你點起一盞明燈，這時你將這火苗也好心的為身旁朋友引燃燈火，朋友自然也會回饋你的善行，然後這些小點，便會成為一個正面循環的圓圈，讓大家都同樣接受著豐盛的生活。這真的一點都不難，有錢大家賺的道理就在這裡。

原來有錢人都是這樣賺錢的

二〇一三年的年初，我的朋友J先生，他告訴了我兩支很棒的股票，這個朋友身價很高，也常常跟我提到投資的機會，而這次所提到股票，在一年之內翻了四倍以上。

其實以前我是不喜歡股票的，因為對我而言，股票是個會讓很多人賠錢的東西，但是自從那兩支股票之後，我開始對股票有點興趣，畢竟自己和身旁的朋友也從中賺了一些錢。

也因為如此，我開始注意到一些股票的資訊，像是1%的股票抽籤機率，抽中了就能馬上賺取幾萬元之類的資訊，發現這些投資方式真的很棒，可惜中獎率太低了，於是我就開始想，怎麼都看不到公司增資時的股票認購消息？

會有這種想法，是因為有個很好的朋友Y先生曾對我說，他都能拿到可以認購的股票。那時我不知道這是什麼，於是反問他這是什麼意思？

「就是公司在增資時的股票認購，有些券商會針對這些股票，對特定自然人提出兩個月保證買回的價格，兩個月大約有12%。」

聽到這裡，我的眼睛都亮起來了，心裡想著：天啊，這也未免太好了吧！

「那我也可以這樣做嗎？」

Y先生聽了之後，面有難色的說：「因為這個資源是給股票交易量比較大的特定人士、張數也很少……」

「是喔？可惜這種賺錢的機會，都不是我們這種一般人可以賺到的。」

聽說Y先生有個親戚是在股市裡投資快上億的人，所以他有這個管道可以拿到，我只能感嘆，原來有錢人都是這樣賺錢的。

舉手之勞換來豐盛的投資機會

這件事情過了一陣子後，剛好因故幫了Y先生一些忙，對我而言只是舉手之勞，但之後他想回報我吧，於是就主動就跟我提說，他那個有錢人的親戚，常會丟一些張數給他認購，但由於他是一個一般的上班族，沒有那麼多的錢全數認購，所以問我要不要也來認購幾張？

聽到後，我當然覺得很棒，便點頭說要。

坦白說，這些認購的股票因為張數不多，所以拿到手的利息也不算多，但我非常的開心，因為這表示朋友看得起我，所以才把資訊給我，也代表我居然不用操作股票，就可以穩穩的賺到錢。

故事到這裡還沒有結束。

有天我跟M先生聊天，我跟他說，你看我可以認購某某股票喔。

M先生是股票高手，他發現說這幾檔被丟出來認購的股票，好像後來都是看漲的，於是他希望當Y先生把股票認購告訴我的時候，同時也把資訊給他，他沒有要認購，只是要看這個資訊，來決定要買哪些股票。

這時候我發現資訊是有價值的，我也願意幫M先生這個忙。

讓眾人歡喜的正面循環

為什麼我會答應幫M先生？理性一點思考，第一，他是我認識了十五年的朋友；第二，我的投資能力很弱，過去他常常報給我他私人的投資機會，也讓我賺到一些錢，也由於他的英文很好，所以我手上若有美國的文件，都會請他幫我看完，告訴我裡面的內容，而最重要的是，他的脾氣很好、對我也非常好，

我答應了M先生的要求，但是我也反過來跟他說，請他研究之後也告訴我，到底哪支股票是有價值的。我還順便跟他說，可不可以也幫我操作一些股票？我願意放一些錢在他的帳戶裡。或許你會說，這不合法啊！但是對我來說，這是我自己願意送錢給他，請他幫我下單的。

從一個小小的點，現在連結成一個正面的循環。

這之後如果Y先生給的認購張數比較多，自己也吃不下來的話，我也會分給我的好朋友來認購，但朋友認購股票的利率就不會跟我享受的一樣，我會稍微少給一點利率，這之間差額的利潤，則會迴向給Y先生，因為這本來就是他所提供出來的賺錢機會。

這是一個正面的循環，Y先生將他吃不下的認購股票給了我，我把我吃

不下的也分享給我的朋友，朋友所得的利息部分我則轉給Y先生；而我提供給M先生的資訊，讓M先生可能因此股市受益，我也能獲得他所分析的獨家情報；另外我將股票認購分享給朋友又可以做人情，之後欠我人情的朋友，又會再來幫助我。

所以我覺得這是一個蠻有趣的投資資訊的操作。

從真誠的小事來讓朋友記得你

至於如何去得到朋友難得的資訊？絕非巴結虛偽可以得到，只要提供有價值的資訊和鼓勵給對方，或許就能得到收穫。就像是當初我幫Y先生一個他很需要、但對我來說是小事的事情，我所伸出的友誼小手，讓他感覺到溫暖，發現了我是個值得交往的朋友，所以才會在後續認購股票時想到我。

而我之後會把認購股票的訊息，告訴身旁的好朋友，也是因為這些朋友在我心中有一定的份量與交情，這些朋友絕對不是突然憑空出現，然後猛烈的巴結我變成好朋友，而是細水長流的友情延續，讓我有好東西時，自然就會想到他們。

其實我在活動、課程中也常因為小小的一些事情，而對原本不熟絡的人印象深刻，例如有些同學會幫忙製作課程表單、有些則是主動表示可以幫忙課前的報到以及桌椅排列，當這些同學主動做出善意的舉動，我便會特別的注意到他。

有關這方面需注意的詳細內容，你可以在第四章的〈創造在朋友心中的價值〉中找到答案。

4 友誼萬歲！出外靠朋友的美國房地產

朋友的重要性，比你想像的還多。因為好友當初來找我合資，讓我有了買美國房地產的經驗，進而開始串連人脈、運用整合，希望同樣想買美國房地產的朋友們，都能順利少風險的達成夢想。在人脈經營裡，朋友真的就是金錢的相等符號。

要不要一起買舊金山的房子？

很多人都會認為，若是有人來告訴你投資資訊，一定是一個商業行為，可能想賺你的錢或拿你的錢去投資，其實科技進步的現在，所有的資訊幾乎都透明化了，每個人對於這類訊息的判斷除了需要謹慎之外，我倒覺得可以利用人脈的互動和資源整合，創造出一個三贏的狀態。

因為我和好友的家人都在美國，所以我對美國的房地產情有獨鍾，二〇一二年底便買了人生中第一間美國的房地產，二〇一三年七月在底特律也買了一間房，之後就陸續買房，有些是公寓，有些是獨棟的房屋。

當時買美國房地產是個人的投資，一直到二〇一三年的年中之後，我發現身旁的人也開始對此有興趣，於是我思考著如何能達到多贏的局面，讓想買美國房子的朋友，也能輕鬆的買到理想中的房屋，而我則從中媒介，創造多贏。

或許你很好奇，當初為什麼會先去美國買房子呢？

二〇一二年，在理財到了一個階段之後，我發現台灣的房價越來越高了，頻頻讓我無法克制的發出「天啊！」的驚嘆號。我並非預估房地產會繼續漲還是會跌，而是意識到，房地產已經漲了快要十年了。

於是我開始思考，要繼續投資台灣的房地產嗎？這時我一個十八歲便認識的好友Z先生，他跑來跟我說：要不要一起買舊金山的房子？

認證到景氣循環復甦的美妙

我本來就是一個很開放的人，任何人有新鮮事、新想法都會來跟我講，因為我會很認真的聽他們的講述，不會潑冷水。而這個朋友的背景跟我有些類似，他的家人也是有一半在美國，想買美國房地產，自然就想要來找我商量。

「那你自己有買嗎？」我問他。

Z先生說他在二〇一一年底就買了，房子有增值，現在想再買一間，由於美國買房子需要現金，他自己沒有房子可以貸款，所以希望我可以將自己的房屋貸款出來，跟他合資一起買美國的房地產。

剛好我也正在煩惱台灣的房地產該不該繼續買，好友的出現帶來的新訊息，讓我點亮了一盞燈。

我認真的研究了一下，花了蠻多的時間聽他講整個流程。

在這裡要先強調一下，不要把資金交給他人處理或與別人合資，基本觀念一定要有，否則很容易受騙。

在謹慎的評估之後，決定與Z先生合買舊金山的房子。這間房子大約是二十坪左右，當時買一間美金十八萬三千元，每月的租金收入是美金一千二百元，而現在寫書的時候（二〇一三年底），一間已經漲到三十萬美金了。

後來發現，原來景氣真的是會循環的。二〇〇八年全球金融危機，人家說美國完蛋了，但沒想到經過四年多到五年的時間就復甦了，怪不得人家說，如果你要投資，就要從景氣循環去看。

對於美國房地產我有膽量

美國的房地產，價格比台灣便宜、租金的投報又高，法律又比台灣完整，稅又比台灣低。食髓知味，在二〇一三年的七月，我決定再買第二間！

買在哪裡？美國的底特律。

當我決定要在底特律買房的時候，身邊的朋友們又開始瘋狂的潑我冷水，但我想，當一個房子的價格已經對折再對折了，這時候不進場買房子，真的很可惜！

所以那時我就在底特律買了一間大約美金五萬元的房子，每個月收租金美金八百元，租金投報大約14％（稅後）。而我是用在台灣貸款利率2％的資金，去買美國14％租金的房子，等於說我是完全沒有風險的套利。

結果到了寫書的現在，只見巴菲特向媒體放話：底特律是具有巨大潛力的城市！

在這裡又要說個觀念，當黃金漲漲漲，漲到最高的時候，全部的散戶都進場了，結果黃金就一蹶不振、跌到最低。房地產也是，當漲到最高的時候，大家都進場了，狀況就發生了。

我的想法是，當大家都還在怕、質疑的時候，我就會先進場，而當大家確定這東西是好的、可投資時，表示也已經漲過一波了，就像是底特律二〇一三年漲了17％，舊金山漲了22％，拉斯維加斯則是27％。

所以我的投資哲學跟別人不一樣，我喜歡危機入市，我覺得危機就是轉機，當然是必須經過判斷才能去做，但缺點是，當時會受到很大的壓力，而且這種膽量是學不來的，試想SARS時你敢買嗎？

也因為我有了這些種種經驗，加上人脈的整合與利用，後續想買美國房地產的朋友們，就可以依循最簡單、穩當的方式，一起來達到三贏的模式。

創意的思維創造了免費孝親金

最後說個因為開始涉獵美國房地產而發生的有趣的事。

最近我做了一件事情，受惠了三個媽媽—我的媽媽、我的婆婆，以及姐姐的婆婆。我的媽媽因為知道我喜歡美國的房地產，於是她就偷偷的跟我說她也想買一間，她也想要收租！

「這樣的話，我就可以每個月多兩萬多元，很開心呢！」她希望我能幫她。

然後我便為她尋得了一個投報有15％以上的物件，媽媽很高興的對我說：「這樣的話孝親費就不用給了！反正我也不用花到那麼多錢。」

過了沒多久，老公也跑來跟我說，他也想如法炮製的為公務員的婆婆做這件事情。

很多長輩買房子有個習慣，手上有錢就趕快還房貸，因為他們總覺得欠錢是不好的，而公務員一般會更保守，一定會想把房貸都還完。於是過年時我便好好的跟婆婆溝通，婆婆最後也決定要做增貸。

我就把增貸的金額拿去做美國房地產的投資，一個月婆婆大約可拿到三萬多的金額（大約15％），扣掉房貸還有兩萬多可以用，因此老公的每月孝親費也調整了。同樣的方法我也幫了姐姐的婆婆。

在這裡又要說一個觀念。有一個女孩曾跟我說她貸款背的好重，她有三間房子，兩間沒有貸款，出租收租金，有一間貸款很重，大約是兩千萬，於是他的薪水加上他母親的薪水支付房貸很吃力。

聽到這裡我很吃驚，那兩間沒有貸款的房子是拿來做什麼的？我提醒她之後，她也開始決定做一些調整。當然細節我無法好好教大家，但是我只是想要在此提醒大家，創意和資訊真的很重要，沒有創意又資訊落差就會造成窘況。

讓創意的思維來為我們的生活和資金加分吧。

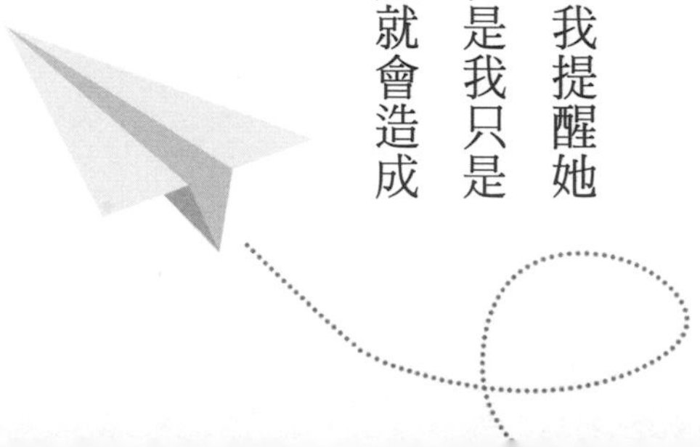

5 豐盛的交換，讓大家都過美好的日子

這個社會絕對不是僅有你賺我、我賺你這樣的利益模式，只要花點心思和創意，就能達到共贏的局面！就像是我利用了原本空閒的場地來辦活動，不用支付場地費之外，還能從中做公益，捐錢給慈善機構，這就是資源整合和人脈運用的好典範。

免費機場接送有錢可賺嗎？

最近看了一個新聞，讓我覺得人生真是充滿了創意。

這則新聞講的是一家航空公司的行銷策略。一般乘客下了飛機，不是付費叫機場接送，就是坐巴士或計程車，其實這樣很累人，於是這家航空公司

就設計了一項新服務，只要搭乘他們的飛機，就能免費乘坐到市區的機場接送。

這對乘客而言是享受免費服務，對航空公司卻是一項費用，這家航空公司哪來這麼多錢來做免費服務？原來航空公司用低於市價約六折的價格，團購買了150輛的計程車，而交換的條件是，到時候司機會在途中介紹這台車子的詳細功能，也就是幫汽車公司打廣告。

航空公司買了這批計程車之後，轉手賣給想買車的計程車司機，而且售價還比原汽車公司的定價還高，但是這個航空公司保證，只要每載一個乘客，就會補助固定的費用給他們。由於有車不一定有乘客、在路上跑空車也是常有的事，如今有一定的客源，雖然車子貴了一點，但是還是十分划算，於是很快的，150輛的計程車就賣完了。

航空公司銷售完這150輛交通工具，便開始促銷機票活動，不僅提出五折以上的優惠，並且還給予免費的機場接送。

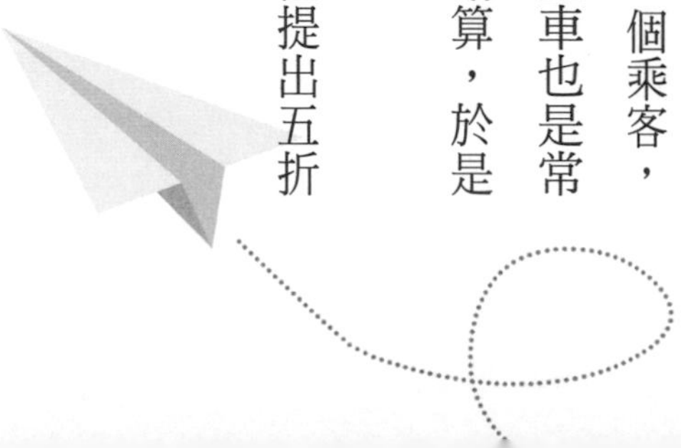

超級創意的多贏行銷策略

看到這裡，你或許會覺得奇怪，這家航空公司到底在做什麼？這樣有錢可賺嗎？其實光這套行銷活動，就創造了多方面的盈利模式。首先他讓司機有工作做、有收入；第二，乘客享受到機票優惠又有免費接送；第三，對汽車公司而言，大批的汽車賣出去了，而且還有150個專人幫忙行銷打廣告；第四，對航空公司來說，賣了150輛計程車，一次進帳可觀，而且因為促銷優惠活動，有了固定的客源。

所以這個創意的行銷策略，幫助了航空公司、汽車公司、司機和乘客，是個多贏的模式。當我看到這個新聞時，心中不免驚嘆，這不就是資源整合、人脈運用以及創意的極致化嗎？這就是我夢寐以求的世界！

很多人對於投資理財都有一個錯誤的觀念，不是「我被人家賺了！」就是「人家就是要賺我的錢！」其實投資理財應該是大家都好，我一直想要創造一個共贏的社會。

利用人脈和資源整合來做事

就像是我目前在東區所使用的活動場地，其實是免費的，或許你會很驚訝並說怎麼可能？但這就是在共贏的狀態下所產生的實例，我不僅免費使用這個場地辦活動、講座，並且還能因為它而捐款做公益，重點在於大家彼此豐盛的交換。

在我們的身邊都有許多免費的資源，記得一開始時，我很想舉辦很多的免費分享會讓朋友參加，但我很不喜歡在咖啡廳辦分享會，而且有些人又都不點低消，之後我還得多支付費用；如果租場地來辦活動，有時候一個晚上要花費三千元左右的租金，再加上一些活動的行政事宜，總之這一切對我而言就是個麻煩。

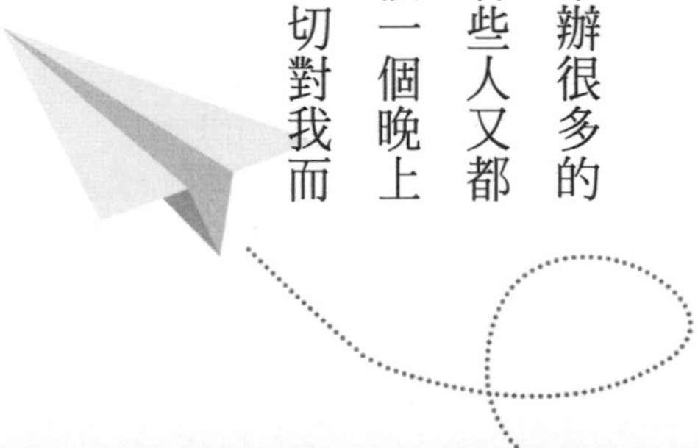

那時我便在想，有什麼方法可以讓我有場地可使用、又不用花太多的成本？想來想去，突然想到乾哥在東區有個辦事處，地段很好，剛好在捷運站旁，白天他會使用這個場地，但晚上和假日則空著。

有次我便跟乾哥提了一個想法，「你如果晚上和假日不使用的話，可不可以借我用？」我保證不會亂動他的東西，並且場地會維持清潔。

「你要用來幹嘛？」乾哥有疑問。

「我要做公益。」

達成目的並且還能做公益

我告訴乾哥我的計畫。我打算開一些好玩的課程，讓同學用150元的學習費進場；而請來的講師，會先跟他說明因為是公益活動，所以沒有講師費。至於收到的150元，我也會跟同學說清楚，我希望學習是有成本的，不要免費運用資源，而收到的這150元學習費，會在之後捐出去做公益。

基於公益、基於深厚的交情，乾哥答應借給我他的辦事處。

這個白天是乾哥的辦事處、晚上和假日成為活動場地的模式，就從二〇一三年八月開始，一場活動大約會有三十人參與，可以收到四千五百元的學習費，活動結束後，我就會選擇一個公益團體捐出去。

在這個互動中，其實是人人都做到公益的：乾哥出了場地做公益，我的朋友（同學）出了學習費做公益，講師朋友出了專業來做公益，至於我則出了創意和人脈整合來做公益。如果一個禮拜舉辦一次活動，集眾人之力，一個月就可以捐出一萬多元，對我而言，這就是一個三贏的模式。

換個新方式一樣能達到多贏

時間進行到二〇一三年年底，乾哥告訴我想換辦事處，他覺得這個場地有點太大，平常又用不到，他想要新年新希望，換一個小一點的辦事處。

這時候我就發揮了談判的功力，我告訴乾哥，其實過去做的善事真的很棒，如果希望新年新氣象，希望有個漂亮的場地，這樣好了，我花錢來裝修場地，模式和形式按照乾哥喜歡的，但請留一些空間讓我們來上課使用。

乾哥的人格特質是綠巨人浩克，個性溫溫的、一切以和為貴，在聽了我的話之後，不置可否的點頭同意了。

那時我就花了大約十萬元，把場地整個整修、鋪上木質地板，除了乾哥的辦公室之外，還有一個可以容納四、五十人的空間。而在整修之後，我告訴來參加活動的同學，我們將要轉變形式，以後學習費用三分之一做公益，三分之二補助場地費。

我計算過，因為場地變大，一個月做公益至少可達一萬五千元，而剩餘的學習費，部分金額拿來支付講師費（總不可能永遠請老師免費上課吧？），剩下的金額，可以請個行政來協助課程與場地整理等。

不過在出書的這時，我又改變主意，決定將乾哥的辦事處承租了下來，繼續承用上面的概念，開更多的課程和講座來回饋朋友。

豐盛的交換，使得新的活動模式又是一個三贏局面，同時也是一個小型的資源整合的概念。這樣的作法其實並不難，就看你有沒有心花點創意，讓大家都能過美好的日子罷了。

第④章

對人脈串連心動了嗎？看完這一章再開始！

1 創造在朋友心中的價值

我們身邊總有些朋友過的不錯，因為他們擁有豐沛的資源，例如可能很有錢，或是有很棒的能力或專長。就曾經有朋友問過我，如果我沒錢也沒才華，講話又溫吞，那麼那些過得好的朋友，如何才能注意到我呢？其實只要認真的盡力而為，也能創造出在朋友心中不滅的價值。

細心觀察所需就是機會

在預購新書的過程中，發生了一件令我十分感動的事。

在開始預計要出書的時候，心裡就暗定希望能預購到三千本，不過一開始推動預購時，我有點心急，希望能盡快達到目標，好專心做其他事情，也因如此，由於心頭掛著一件事，所以那時總是一心兩用的做著手邊的活動。

記得當時在我的群組裡，我曾發出類似「最近真的很忙」的訊號，族群裡的同學看到後反應不一，有些人默默的、看過就算了，有些同學則是趁此跟我抱怨，覺得我很小氣，為什麼一定要預購書才能得到支援（例如免費活動或課程），不過其中發生了一件事情卻讓我很感動。

有一個跟我不大熟、只見過一、兩次面的朋友H先生，他住在嘉義，之前我在台中辦活動，他都會特別到台中來參與。就我所瞭解，他手邊可以動用的資金不是很寬裕，而預購書能提供的免費課程他也幾乎都上不到，但是就在我發出很忙的訊息時，當天下午他就留言跟我說，他要加碼預購三十本新書，因為他想要趕快讓我達到千本的門檻。

當下我很感動，也有點難過，因為我覺得他並不是這個群組裡過的最好的人，但他卻是願意付出最多的人。所以我馬上就打電話跟他說：

「H先生，免啦，我覺得你這樣買太多啦！我知道你有心意就好了，我這樣在族群裡寫，並不是要讓你有壓力！」

「不會啦！」H先生很豪爽的說，「一點點小錢，我想幫忙而已，而且我的朋友們也想看啊，我想要送他們！」他又說，「你別煩惱啦，我跟你說，我就是要買啦！」

因為H先生的三十本，當天新書就突破千本預購，讓我的心情稍微放鬆一些。

豐盛的交換不一定要用金錢

資訊是有價值的，沒有人應該要免費給你什麼。相較那些新書預購一本都沒有買，或者說我小氣的同學、朋友，我很佩服H先生。

我會有所感受，是因為在群組裡很多人都在討論一個類似的話題：過得好的人都會藏私。當時我就默默在想這個問題：人是互相而非單向的，為什麼那些人要幫你們呢？你們給了他們什麼樣的價值？

我總是覺得資訊是有價的、是要豐盛的交換，而豐盛的交換並不是一定要用金錢來交換，而是對於願意協助你的人有沒有心存感激？有沒有正面的信念？有沒有盡力而為？對於H先生這次的幫忙，讓我對他有不一樣的想法。

首先，他錢不多但卻很為同學著想，也為我著想，當然也替他自己著想。上帝說他不看重一個有錢人大筆的捐款，卻看中一個窮人十塊錢的付出。因為這件新書預購的事情，我看到了很多人對我的心意。

H先生的行為給了我很大的啟發，因為太多人對我有很多的回饋和付出，但是我已經太習慣接受別人好意，而這件事情卻讓我重新感受到熱情，也因為他的這個舉動，讓其他同學之後也加碼買書，以及陸陸續續買了很多本，我想H先生的行徑，也給他們很大的啟發。

我想，我到老了還是會記住H先生做了這件事情，而且從那一刻開始，我也更加珍惜每個人對我的付出，即使是預購了一本書，因為沒有人是應該

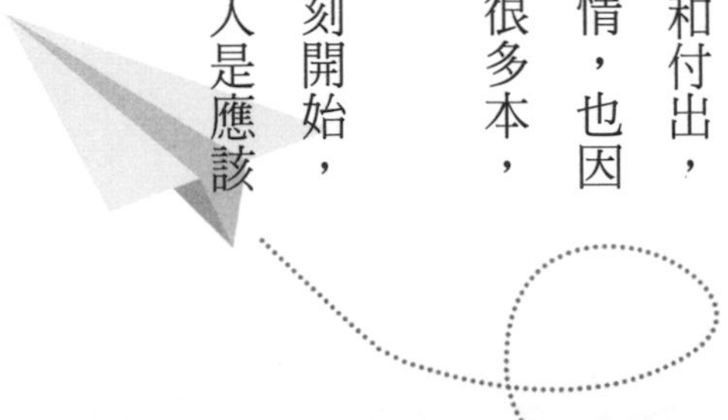

幫你什麼的。

所以在最緊急或最需要的時候，伸出哆啦A夢的圓手（援手），其實是最令人感動的。

窩心的小事讓人感受良多

創造在朋友心中的價值，不一定要很有錢或花錢，也不一定要大魚大肉、很多物質上的東西，而是願意打從心裡去協助、幫忙，其實這些「小事」就足夠朋友記得很久。

另一個讓我很感動、一直記在心裡的事，也是一件很小的事情。

L和W小姐是在我群組中還蠻喜歡的兩個朋友，她們都是脾氣溫和的老師，對人十分的客氣，我們是從陌生人變成好朋友，她們也是跟我一起存錢買美國房子的同好。她們經常會溫馨的送些小東西給我，例如她們都很喜歡小狗，所以只要有狗狗的電影，都會主動買電影票給我。

之前我幫了她們一個忙，她們說要回報我，我只是笑著說請我吃頓飯就好，不過她們也知道我很忙也怕胖，最重要的是可能連吃飯的時間都沒有。於是過了不久、W小姐生日當天，她抱來一本貨幣書送我。

「你不是很喜歡錢嗎？這這裡面有六十六國不同的貨幣喔，有些還連號呢！」

她告訴我，因為我不缺錢，但這本貨幣書很有創意，她想我一定會喜歡的。L和W小姐她們熱騰騰的心意讓我感受到了，這個別具意義的禮物，讓我十分開心，這就是所謂的送禮送到心坎裡吧。

另外還有一個B先生因為感謝我的付出，還特別請假一天帶我和老公出去玩，重點是一整天他請客，要我享受不帶錢包的快感，也令我留下深刻印象。

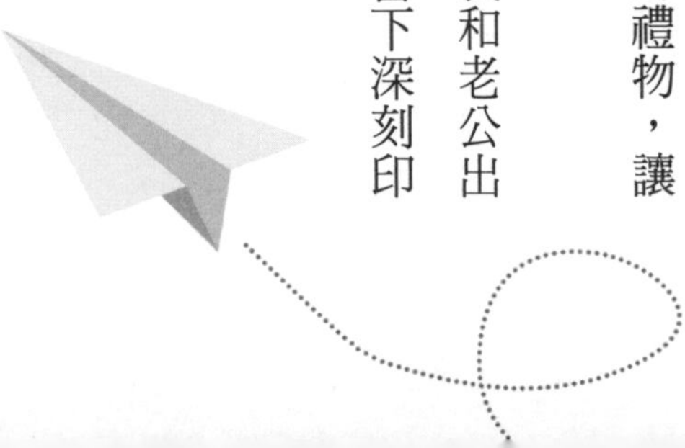

誠意的對待換來真心的未來

另外我有一個朋友R小姐，這女生年紀和個性都與我相仿，第一次碰面是她跑到台北來上我的課，上完之後她覺得獲益良多，所以頗支持我的相關活動。

由於她每次都要和老公從高雄坐高鐵到台北來上課，車費有點貴，於是我就跟她提議，乾脆我去高雄辦活動好了！

從我講出這句話開始，她就開始幫我找場地和一切相關的準備，但我卻是一直到高雄上課時才知道她如此之用心。

首先她考慮到上課的氣氛與人數，希望可以幫我在課堂上炒熱氣氛，於是為了這件事情，她每個禮拜都先辦個小聚會，連續辦了一個多月，這樣等到我到高雄上課那天，學員就會很多、互動的氣氛就會很好。

接下來她幫忙訂場地，由於她覺得我難得下高雄上課，所以便幫我訂了她覺得在高雄最好的場地。老實說，這地方真的很棒，當天我在上課時都會覺得，我怎麼會在這麼棒的地方上課！而活動結束後，她還請我們到百貨公司45樓吃牛排。

重點是，這一切的相關費用都是由她支付。牛排費她出，場地費她出，座談入場費—預購新書一本的費用也已經先給我了，她說反正新書的版稅是拿來做公益的，她也很支持這個活動。

最後R小姐笑笑的跟我說：

「以後還是我上台北上課好了，因為我跟我老公的高鐵票來回加起來六千元，可是你看我這一搞，喔！花不只六千塊啊！」她故意抱怨的說。

R小姐的這一切行為，讓我覺得很窩心。坦白說，我這個人有點自負，因為過去我也是蠻有名的老師、時薪也很高，不過我真的不愛講課，但是R小姐如此高規格的對待我，讓我對高雄和高雄的朋友都有個很好的印象，也因此決定跟R小姐交朋友交定了！

之前當然也有到其他縣市分享講課，的確規格沒有這麼高，但我想大家都盡力了，只是因為R小姐多做了這些事情，讓我心裡覺得十分的感動。那時我們也相約下次他們來台北的時候，由我來做東，幫他訂房與準備餐廳。

事後我也才發現，原來R小姐這對看起來平凡的夫妻，在二〇一三年的投資所得卻是逼近千萬，驗證了我所說的有錢人都是客氣又有禮貌呢。

其實前面舉例的點點滴滴小事，一般人也做的到，不會花費很多錢，有些甚至只是利用自己的專業來幫忙協助，但是卻能在對方心裡留下很大的印象，你不妨也試試看。

2 去哪裡找想認識與值得交往的朋友

人脈不是說一說話、上上課，自然就會聚集而來。經營人脈需要花時間和精力才能得到收穫，而人脈結構的不同，所帶來的成效也不同。想要有計畫的經營你的人脈，參加財商團體、上課學習等，是打開眼界認識人的一個方法，從中找到「他是我想結交的朋友」，更是需要經驗和撇步來判斷。

扭轉人脈結構，結交比自己更優秀的朋友

你知道你的六個最好朋友的平均收入，其實就是你自己的收入數字嗎？因為人都會與自己屬性相同的人交朋友，所以才會有這樣統計結果，不過我並非鼓勵大家要去攀炎附勢，而是盡量要讓自己跟更優秀的人去學習。

我是喜歡賺時機財，就像是當初做組織行銷和現在相比，當初是開拓期，時機正好，現在則有飽和的狀態；而當初買房子位於低點，二〇〇九年之後開始投資，也正好是金融反彈其間，所以因此賺了些錢。

很多人說我運氣好好，但是我覺得除了運氣好之外，同時身邊也有很多貴人的提攜，而這些貴人真的很「貴」，一來身價很高「貴」，二來總是能指點我生活與理財的珍「貴」方向。

話說，我的人脈結構在這幾年慢慢的轉變了。

以前曾經以為每年賺個幾百萬收入就很厲害，但之後隨著自己的成長與認識的朋友階層不同，發現現在的朋友群都是年薪150萬到300萬的上班族，或者是五百萬至一千萬的企業主，甚至不乏認識身價上億的朋友。

這些在社會頂端生活的朋友，總是能不時慷慨的現身、提供資訊，將我推進所謂的好運境界。

值得交往的朋友？你挑別人別人也挑你

從基礎中產階級朋友得到的資訊，與高端財富的人所得到的資訊是迥異的，但是，這些能掌握可靠消息，或能提升你資歷的貴人，很少會主動出現在你的社交圈，所以該如何經營人脈認識他們，並且確認他們就是我想結交的朋友呢？

我每次在財商單位上課，能認識的人多到不可思議，但是我就是有辦法從中找出值得我交往的朋友。在這邊我們就要開始探討兩個問題：

一、誰是你值得交往的？

二、你是否是人家值得交往的對象？

誰是你值得交往的？到一個新的環境時，首先會先觀察人群當中吸引我的人。第一，我會以年齡和職業的判斷，來知道這個人的基本狀態；第二，會從他的應對進退以及守時的觀念來判斷；第三則是講話是否正面、有沒有禮貌，第四從互動的誠意、吸引我的故事來分辨。

最後一個條件則是擁有一顆開放的心，因為我真的有點害怕會遇到什麼都排斥、抱怨、負面的人。

另外我也會去看看對方的臉書、LINE的暱稱，因為暱稱會透露一些隱藏的問題，比如有人的暱稱是「永遠是陰天」，這種人就讓人先退卻了，或是臉書上的留言都在罵人，這也很恐怖。

你值得當對方的朋友嗎？先自我打分數

至於我們自己做到哪些程度，才算是人家值得交往的朋友？

首先得要樂於貢獻，同樣是在等待上課時間，有些人會主動詢問是否要幫忙，有些人則翹著二郎腿在等著上課時間到。主動貢獻的人，當然就會讓人印象深刻。

準時守時也是重要的，基本上答應赴約卻又臨時取消是一件沒有禮貌的事，因為遲到或取消約會，代表著你覺得自己的事比較重要，會令人在印象分數上扣分。

正面開放的言詞、懂禮讓知禮貌、有行動力而非只會想不會做，這些也會讓人多加注目，讓對方在初步的友誼上劃上圈圈。

另外以我而言，我個人很怕囉唆龜毛的人，尤其是那種「講到驚死人，做到笑死人」（台語）一點行動力也沒有、造成別人困擾而不自知的人，我會寧願這種人不要成為我學習和理財的同好。

不過反向來說，這些囉唆龜毛的人，同時也會是很謹慎的人，我也還是會跟幾個這類型的人交朋友，但是前提在於他們的缺點是有被調整過的。

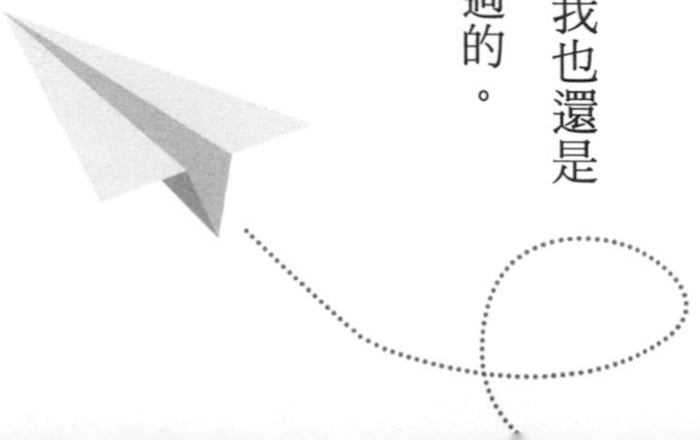

說不說？注意自我介紹當中的奧妙內容

一個課程人數多少最容易交到朋友？一個班級一、二十個人有個缺點，裡面優秀的人可能只有一個，而那一個還可能是你自己；三、四十人是我認為最好認識朋友的人數，八十個人就過多了。

在上新課程時，建議先把同學都「看」過一次，經由他們穿著、自我介紹等瞭解他們特質和工作內容，再決定要深刻認識與否。而刻意介紹自己職業跟刻意不介紹自己職業的人，都有它的原因。

有些人覺得他的工作太醒目，所以不想講，也可能注重隱私所以不說；有些人則覺得他的工作太遜，講不出口，或是有些人是業務之類的工作不想說出，怕大家以為他想做大家的生意。

要找到心目中想結交的朋友，你可以私底下與他聊天探知狀況。例如一開始可以詢問對方為什麼會來參加這個活動？因為每個人參加一個活動或課程，都會有他所想得到的。

有些人會回答：「我是想來認識朋友的。」這樣便會知道他是以人脈為主，或許他是業務工作者；也有些人會答：「沒有，我只是想讓自己快樂一點。」這表示此人可能正處於低潮與受創狀態。

不要誤踩地雷，輕鬆踏出友誼第一步

接下來可以詢問人生的夢想是什麼？或是目前正在專注忙什麼？因為我覺得夢想這件事情，一般人是很少能明確說出的，提到近期的目標，也能知道他最近在追求什麼。

或許你也能問對方，見到自己的時候第一個印象是什麼？因為從對方眼中所看到的自己，可能是跟心裡所想像的不一樣，我們也能從對方對我的想法，來確定他是不是也希望跟我做朋友。

我們可以技巧的藉由這些的回答，來知道這個人是否表面、或是真心想跟我做朋友，也可以從對方的動作來辨別是否有防衛性，當在聊天中發現這些對方無意識呈現的動作或對話時，便可以不去誤踩別人的地雷。

例如有些人會刻意保持距離，或是在互動時，發現他語帶保留；有些人喜歡抿嘴，可能在思考或懷疑；不喜歡人家碰觸身體的人，經常都是不喜歡談論隱私的事；若這人回應時會提到家庭、朋友、生活，表示這個人不重隱私，而有些人則是問什麼回答什麼，卻不會再多說什麼。

3 找個志同道合的富朋友

有錢人最大的價值在於他們的想法，我通常都會去聽他們的觀念、過去的成功經驗，並且請教他們過去的故事，這些都是可以從有錢人的身上，所得到的無形價值，並且他們也樂於分享。但是要如何能結交到有錢人，甚至跟他們合作？有錢人的優點是什麼？他們又最討厭什麼樣的人？這次就來揭開有錢人的神秘面紗。

交一個比自己有錢的朋友

首先我們要先定義一下「有錢人」是多有錢才算是有錢人？

其實每個人對於有錢人的定位是不一樣的，因為每個人的程度與價值觀不同。事實上我並非是要大家跟身價好幾十億的人做朋友，畢竟他們的生活圈我們也很難打進去。我的意思是，你可以跟高於你收入二至三倍的人做朋友。

我的想法很簡單，以中產階級來當基準，一般的年收入約是六十至一百二十萬左右，基本上年薪二百萬至五百萬左右的人，是我們可以去認識交往的；當然五百萬到一千萬的人，是更合適交朋友；至於想跟身價好幾億的人交朋友，我覺得那就是要看緣分了。

要如何找到這些人做朋友？首先，你必須先知道他們會在哪些地方出沒與活動？而有個上班族一定能做到的方法：參加財商團體的課程，因為很多年薪二百萬的人還正在或有意願學理財；另外也可以去扶輪社、獅子會交朋友，不過坦白說，這種地方是類似交換生意之處，同時也做善事，若要進去交朋友，可能成本會比較高。

像我的一個醫生朋友，就是在房地產課程中認識的，不過在一個課程或活動中，可能只出現一、兩個有錢又值得交朋友的人，你便需要慧眼識英雄的把這一、兩個人找出來。

如何從眾人之中瞧見有錢人

如何在眾多參與活動的人之中，知道哪些人是過的比較好的？

第一，注意他們的言詞，通常一般過的比較好的人，正面思考的居多而且謙虛。不過相信你也見過有些人會誇大說自己是個有錢人、住豪宅，然後很自大、到處去攻擊別人，我只能說這類人也是有的，但是被他「指教」已經很煩了，應該不想跟他做朋友。

接下來，傾聽他們談論的內容，大多數過的比較好的人，談論的話題是與賺錢有關，而且當談到某個賺錢的機會，這些人的眼睛會亮起來。

此外也能從身上的配件瞧出，可能從首飾、手錶或包包看得出是有價值的，不過請注意，不是每個有錢人都全身上下穿名牌，會這樣的穿搭法很可能是上班族喔。

學習有錢人的成功優點

具有行動力，是有錢人的優點之一。

有句話說「我預備、我開槍、我瞄準」，很多人是要開槍才瞄準，但也有很多人是瞄準了很久都沒有行動。

在我身邊做投資的朋友，都是蠻有行動力的，我也是；而且成功是給預備好的人，喜歡挑戰也是有錢人的優點。

很多人喜歡依據時間來拿酬勞，就像是上班族朝九晚五一般，但有些人卻喜歡給自己挑戰，就像是我，從出社會至今，我都沒有上過班，我喜歡挑戰生活。

「你這樣很危險耶，會不會斷炊？」很多人這樣問過我，我只能說，我到目前為止賺錢賺的很快樂！不過我並非鼓勵大家馬上出來創業，而是希望大家能多做一些創意、有挑戰的事情。

有錢人不喜歡這些人

其實不只是有錢人，平常人也很討厭有下列缺點的人。

例如喜歡說人閒話、批評謾罵，以及喜歡負面思考的人，其實你大可以求證後指正別人，用正面的方式去表述。而有些人喜歡默默使用別人的資源，然後用藉口敷衍不想回饋，但每次有好處時，這些人就一定會出現，這種只想得到而不付出的人，任誰都討厭吧？

勢利大小眼的人也令人近而遠之，有人會對於有能力的人就很尊重、態度很好，但對於工作偏向業務性質的，就會無理的大小聲、態度很差，職業其實無貴賤，這是不可取的。

而覺得別人的付出是應該，不懂擁有一顆感恩的心以及不懂禮貌的人，是贏不到有錢人的友誼的。

這種只懂收穫不懂付出的人，其實到哪裡都不受歡迎，就好像最近我得到一個消息，想跟身邊的分享，沒想到就有一個非常陌生、叫不出名字的同學跑來，希望我能給他這個資訊。說真的，當聽到這個請求時我有點難過，我知道他曾經因為我的消息而獲利過，但當時並未做出付出，例如捐錢做公益之類的，反而當知道又有甜頭時，馬上跑來索求。

先得到後才選擇要不要付出，是人之常情，但同樣也令人所厭惡。

有錢人躲到哪裡去了？

有人想跟有錢人做朋友，有些人卻在質疑，為什麼有些過得很好的人卻不願意出來幫助他人？

我覺得台灣是個仇富的社會，新聞媒體總是誇大有錢人做的非法事情，我並不是說有錢人做非法事情是對的，但是樹大招風讓他們總被放在顯微鏡下觀看。

我曾經是扶輪社的會員，發現在扶輪社裡，有很多過得很好的企業主，雖然他們在扶輪社裡交流一些生意，但大多數的時間都做了很多善事、捐了很多錢。

其實有時候我心裡也會想：為什麼那些過得很好的人卻不願意出來幫助別人？

靜下來思考後，我發覺是兩面難以及保護自己的問題。

因為如果有錢人辦了免費的活動，人家會覺得你有額外的企圖，但如果辦收費的活動，別人又覺得你要賺場地費；如果不出來分享授課，人家會說你藏私，但出來分享，學費收高一點，有人又會覺得你牟利、賺暴利，而若是單純出來幫忙活動，就會有人說這是詐騙。

因為這些因素，所以很多過得很好的人就卡在中間，他心裡雖然很想幫助中產階級的朋友，又好怕這些負面的輿論。請注意，在這裡我並不是說中產階級的人都有負面思想，而是蠻多人會有所謂的窮人思維。

有錢人顧慮多，想的不一樣

這樣的問題，導致我身邊有很多過得很好的朋友，對於行善或幫助他人的方式分成三種：

一種是默默過自己的日子，然後每個月偷偷的捐錢到家扶中心、慈善機構等，他們害怕流言蜚語，於是選擇默默行善。

另外一種是屬於比較大膽類的，選擇在教會、慈濟、社福團體等，去協助需要受幫助的人。還有少部分的人願意登高一呼，去協助身邊的人，但通常這樣的人在行善時都會遇到一些心碎、傷心的事。

有錢人跟你想的不一樣，但你想不到光是行善和幫助他人，他們也會遇到奇奇怪怪的問題，這也是有錢人的無奈吧。

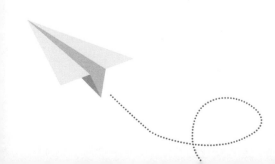

5 認識一個對你「有用」的朋友

由於我們的時間不多，所以盡量要跟Keyman有連結，結交一個有用的人，說不定就能讓你提早退休、開始享清福。然而在這之前，你必須先讓自己做好心理準備，以及可能的投資計畫，免得貴人開始發紅包了，你卻因為遲疑膽怯，不敢去投入，那麼就算多來幾個貴人、Keyman，都無濟於事。

這是我們人生翻身的好機會?!

二〇一三年的年初，我知道了一個投資的訊息，這個訊息是J先生告訴我的。

我跟J先生在大學時代已經認識，但始終沒有達到很熟的地步，在我們大學畢業沒多久，我依稀記得他告訴我要去美國，他說要去從事金融理財，而在三、四年前的某一天，湊巧我又遇到他，那時他已經身價上億，可見這些年來他金融理財操作的蠻好的。

這時我跟他還是沒有什麼交集，不過我那喜歡金融理財的乾哥，卻剛好認識了他，也由於志同道合，兩人經常密切的聯繫，我便從乾哥那裡經常聽到J先生的消息。

年初的有一天晚上，乾哥打電話給我，約我出來吃宵夜，他說有重要的事要告訴我，而且J先生也會來。

我有個優點，當別人幫我安排了機會，我便會放下手邊的事物去參與。雖然夜深了，但在乾哥的通知之下，我便跟老公一起出門去參加聚會。

那天我們一起吃合菜，在用餐中，我聚精會神的聽著J先生分享他的人生概念，他還說他最近掌握了一個投資的消息，消息來源十分可靠。

「Jamie，這是我們人生翻身的好機會！」

我心想，有這麼嚴重嗎？可是那時候我看到J先生的眼睛閃閃發光，像是發出噹噹噹的美妙聲響，我真的被他吸引了。

由於沒有什麼投資相關經驗，於是我很老實的跟J先生說，我不太懂得這種。

經過J先生說明後，我得知，很多人都會以為從事金融理財的人，一定會很大量的做各種投資，其實應該表示這些人的投資理念資產配置得很穩當。

起碼投個一千萬進去吧?!

「那你預估這個投資會漲幾倍？」

「三倍，在今年。」他緩緩的說出。

一看到他的表情，我差點就噗嗤想笑出來，但是他接下來所說的話，讓我完全笑不出來了。

「我已經砸了快幾千萬港幣了。」

我所認識的J先生是一個非常誠信的人，所說出的這數字不會造假。

「那你覺得我應該投資多少？」

「Jamie，你就放個一千萬吧。」

這句話是我目前人生中聽到最激勵、最刺激的一段話，我的腦中一直重複著天啊！天啊！一千萬對J先生來說可能是小錢，但對我而言可是大錢啊。但是突然間我有個醒覺。平常我都會跟朋友說，放個一百萬吧！但她們就會對我說，一百萬對你來說是小錢，對我來講是大錢耶！

這時我很能體諒我的朋友當時為什麼會激動的說出那些話語了。

J先生可能看到我驚訝的表情，於是對我說：「如果你今天只投入一百萬，一百萬都賠掉的話，你根本不會有痛癢嘛！」他又說，「一百萬就算翻三倍，你會爽嗎？」

我很老實的說，不會。

「對，所以你要投入一個賠會賠的心痛、賺會賺到爽的數字！因為你並不是沒有賺錢的能力。」

機會到底是不是誤會?!

那個晚上我進入一個天人交戰的局面。我常常跟很多朋友說很多的觀念，可是其實輪到我時，我也不一定決定的下去，所以最後我做了一個蠻有趣的事情，也是一般人會做的事情。

我馬上把這個投資工具、這段對話和晚上的情境用手機傳給五十個朋友，我問他們並不主要是諮詢意見，他們都知道我很聽從自己的感覺，只是想順便也將這個好消息告訴他們。

結果就如同我所預料的，有一半的人回我、一半的以為是個玩笑，而這二十五個回覆我的答案，有十二人說他們先幫我研究看看，其他的人說，天啊！怎麼這麼猛？然後就沒有下文。

而那說幫我研究看看的十二個人，最後答案也回來了，有十個人說有危險、不要隨便躁進；有一個人說要我自己決定，但建議金額小一點，他也會入個一、兩張試試看；另外一個人說，決定支持我，投入三十萬陪我。

在這裡我們也可以看出朋友對你關懷，雖然潑冷水者多，但是他們大多出於善意、不是害你而是為你好。不過人生還是自己的，最後我真的有投入資金，但再怎麼勇敢的人，初次遇到關卡，一千萬最後也縮成只有投入五十萬元，連我自己想起來都覺得好笑，不過中間倒是有追加投資。

事實證明到二〇一三年年底，這些投資都翻了三、四倍。

當你冒險時必須設定可接受範圍

告訴大家這個故事的用意，不是要大家去炒作某些投資，而是從這件事情中我有很大的醒覺。首先，認識一個有用的人，的確可以讓人早早退休快樂生活；第二，我開始思考像我這麼積極開放的人，當遇到機會的時候，所產生的驚嚇與決定、行為模式是什麼？

對我而言，下次如果J先生再報給我任何消息時，我一定會約他好好的詳談，當然前提是他有時間跟我約的話，我一定會好好問清楚消息的來源、他會如何操控等。

或許你會問，怎麼知道這個消息會不會是誤會？聽到消息會猶豫是一定的，因為我也會怕，可是我們應該有個好習慣，當你對一個資訊非常有興趣、但卻也有非常大的質疑時，我們就應該去求證來源是什麼，而非算了。

我的行動力十足，當發現一個機會是可行時，我就會馬上行動。我的想法是，有質疑時先去求證、瞭解細項，再去決定要不要投資，並且設一個停損點，而不是等別人賺到錢時才懊悔。另外不要把自己人生的責任，綁在別人的身上，發生什麼事都推說是別人的問題。

消息不是百分百都正確，就如同自己去投資也可能會失敗，只是我把這個風險盡量降到最低，其實最大的風險是你永遠不去做改變或不去相信。有一句話說的很棒：人生最大的風險就是永遠都不去冒險。但是我也要加註一句話：當你冒險時，必須設定一個可以接受的範圍。

不管如何，認識一個有用的人是重要的，但如果當機會來臨時卻還在質疑卻步，就算一次來十個貴人，都無法改變你的現況，先準備好自己的狀態吧。

5 撥出一筆固定的人脈費用

在沒有把人脈經營的費用獨立出來前，我們總會覺得和朋友聚餐、過生日買禮物好花錢啊！因為總覺得吃喝玩樂一番，錢花了也沒什麼價值，但如果將這些費用定位為人脈經營的費用，你便會知道這些錢以後還會回來，用另一種面貌幫你創造出更好的資源。

決定花出去的錢最後回來的方式

我記得王品董事長戴勝益曾說過，每個月收入低於五萬元別儲蓄，建議要拿去經營人脈與朋友互動，那時候媒體斷章取義的報導，引起了不小的風波。

其實我覺得他完整的意思應該是，台灣的教育理念，在人際互相經營上面是非常的薄弱。

我們常聽到很多人會把小孩送到貴族學校或到外國讀書，其實一方面也在建立優良的人脈系統。以前我並不知道這回事，畢竟我不是有錢人家的小孩，所以也沒有什麼機會能去貴族名校去唸書，自然也沒學習到人脈的經營本事。

等到我長大之後，開始喜歡人脈經營並將它當成我的專業，深深體會到人脈經營的重要，而在《有錢人想的和你不一樣》這本書中，有名的六個帳戶則教導我們得要有儲蓄、生活支出、玩樂、學習、捐款、投資的帳戶，也讓我覺得除了在這六個帳戶之外，應該還需要一個人脈經營的帳戶。

或許你會覺得，為什麼要撥出這一筆費用？其實在人脈經營上是需要花費的，例如跟朋友聚餐、送朋友的禮物等等，但這一部份的錢，我覺得不屬於交際應酬費，應該放在所謂的人脈經營費用上面。

因為定義一份錢的觀念，也決定了那些錢最後回來的方式。例如將人脈經營費用使用在學習新知、結交值得的朋友等等方面，這筆錢最後還是會回歸於自己身上。

當我把這些花費定位於人脈經營費用之後，我跟新朋友吃飯都覺得很開心，不覺得那是花錢，而是去聽新朋友的故事、是一種正向的回饋，甚至是種投資，這樣就會花得很開心、很乾脆。

把薪水的5％列入人脈經營費用

不過上班族每個月的薪水固定，怎麼可能再多擠一份給所謂的人脈經營費呢？在六個帳戶裡，將我們的收入如此分配：生活支出55％、儲蓄10％、投資10％、學習10％、玩樂10％，以及捐錢5％。

在學習帳戶之中，我覺得可以區分成學習5％加上人脈經營5％，一個月的收入若是五萬元，也就表示可以有二千五百元可以花在人脈經營上。

不過因為每個人的價值觀不同，人脈經營對我而言是重要的，所以我會從其他的帳戶中撥取費用，讓人脈經營的費用比例增加，不過我覺得一般上班族，從學習帳戶中撥出5％來使用就足夠了。

一個月三萬元有三萬元的理財方式，五萬元有五萬元的方式，就算只有一萬元，也有一萬元的理財方式，這是一種觀念，當你有了計畫中的人脈經營費用，便可以利用它來達到短期或長期的目的。

如果可能，你也可以把這些費用拿來上財商或其他課程活動，因為這牽扯到學習方面，所以甚至可以將學習和人脈經營的費用投入至此。

我鼓勵大家一定要去參加財商或是課程活動，因為上班所接觸的範圍很小，而且認識的人都是同質性的人，很容易就「宅」在一起，不如利用下班之餘上課學習，才能打破習以為常的生活圈，認識更多朋友，甚至貴人。

想擴展新的人際層面就去參加課程

雖然這個道理很多人都知道，但是一般上班族卻很少願意主動去學習，或者不想參加課程，而且有些人就算真的去上課了，也只是埋頭聽課程的資訊，不管身邊共同參與的同學，這真的很浪費金錢與時間。

我的建議是這樣的，你可以把人生當成是場電動遊戲，當選擇參加活動或課程上課時，就告訴自己要找幾個盟友，一起組隊打怪。不過或許你會覺得，我沒有其他的事業，認識這些人有什麼用？而且通常故意去認識人的人，一般都是做保險、傳直銷等工作者。

但是我覺得一個人的力量很小，幾個人變成一個團體，力量就不容忽視，就像是小時候我們讀過一支筷子跟一把筷子的故事一樣。而且人生是如此的短暫，如果想要趕快讓人生變得更美妙、更有色彩的話，一定要多認識朋友，而能夠參加同一個活動或課程，代表某些理念是一樣的。

所以不妨在用心聽課之外，還可以在班上交個朋友、互換LINE、臉書帳號，在課餘之時來討論課程，或許以後有機會，還可以一起做某件事，例如上買賣房屋的課程，以後或許可以一起去看新屋或預售屋；如果剛好認識的都是結過婚、生過小孩的媽媽，則可以一起討論育兒經也不錯。

大家在聊天室或群組先有個主題性，三個月、半年後延伸出一些商業的契機，這是有可能的。不要認為想去認識別人就是有企圖，但如果真的遇到拒絕你、很封閉的人，也就不需要留他了，因為這個人應該也不是你想要交的朋友。

心放開一點，才會得到很多人生的機會，自己不給自己機會，難道要等老板還是同事來給嗎？

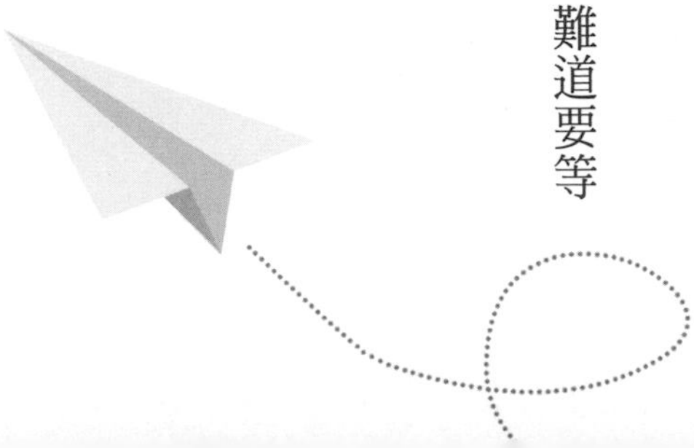

一石二鳥的方式讓花費的錢更有價值

所以參加活動時，並非只是學習到專業，而是要看看身邊有哪些資源可以運用。人家說五十個人就可以團購，如果你認識五十個人，就可以隨時用團購價打九折，這有什麼不好？

只要能影響五十個人，你就可以省下一筆錢！用這個出發點，來將新認識的朋友形成一個群組，首先的好處便是，如果這些人想繼續參加下一梯次的課程，足夠的人數就能將學費減免。

另外，很多人會在乎課程的價格，但是建議你先注意它的價值，例如課程兩萬、三萬元，很多上班族會說這些花費已經是我薪水的二分之一或三分之二了！所以就會覺得很捨不得投資。但是你知道嗎，無知的代價更大，而且不要以為這筆錢只是拿來學習新知或專業，其實還可以擴充你的人脈。

切記一石二鳥的學習方式，將會讓你的人脈經營費用花的更加值得！

第⑤章

弄懂這些小問題，經營人脈就能借力使力！

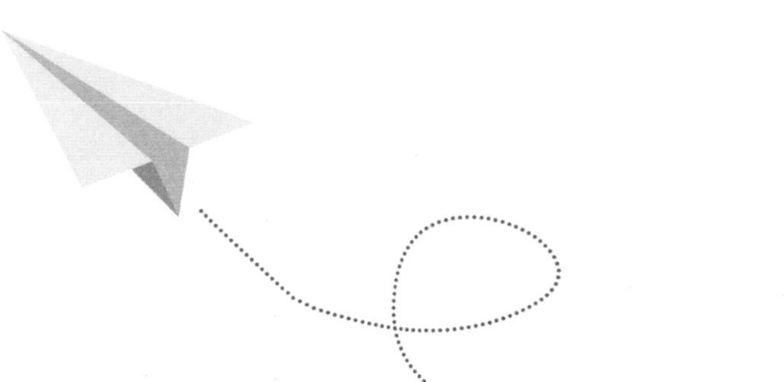

1 人脈的界線，偽君子和大頭症

很多人會問我，為什麼人的想法這麼的複雜、難以控制？有時候出發點是好的，但別人卻說成黑的？尤其是進入了網路年代，我們經常用臉書留言、LINE 來 LINE 去，打出來的文字無法真的表達自己意見，就算被別人攻擊也很難做出得體的反駁，該怎麼辨呢？

誤解無法解開時只好隨風而去

我在經營人際關係時並非毫無阻礙，也會遇到很多很荒誕難以想像的事情，當然一開始遇到這些事情時，心裡總是會覺得很難過，但漸漸的我也找出一個自我解嘲的方法。

在這裡我想跟大家分享一個真實遇到的故事。

我是一個很單純願意與人相處的人，一開始經營人脈群組時，遇到了年齡比我增長的Ｂ大姐，她請我教她如何成立群組，我也很熱情的教導她如何去做。當時互動甚歡，當有雜誌需要報導人選的時候，我也會大方的引薦她。

不過在一切和平的狀態下，卻隱藏了一場很可怕的風險。因為一件合作的事宜，在溝通時似乎令她有了誤解，再加上通訊軟體的出錯自動刪人，Ｂ大姐頓時變成在網路上指責我不是的人，我幾番聯絡想獲得真相都無用，最後變成無法繼續當朋友。

我覺得這樣生氣下去一點意義也沒有，對人生也不美好，於是決定不管這件事情了。我的想法是，如果這是一件子虛烏有的事情，我也表現我的誠意了，如果還要繼續指教，那也沒有辦法。

不要把所有的人都當成好人或壞人

記得收到朋友來問我跟B大姐的問題時，我正在教會裡，那時正好聽到牧師說：「人到這世界上總會有很多的指責和災難，但是我們雖走過死蔭幽谷，但必不招禍害，因為主的杆和杖都安慰著我們。」

所以雖然我的老公跟身邊的好朋友都很為我抱不平，但我都跟他們表示，我不想繼續管這件事情了。很多事情都要看用什麼角度去思考，我覺得或許是因為我們真的溝通不良，不過還好的是因為這個事件，讓我學習到更強的辨別人性能力。

我會記得這段期間幫我打氣的朋友，而這件事給我的啟發甚大，例如利用網路即時通工具來溝通會有落差，也可能造成誤會，最好還是打電話直接溝通的好；另外在情緒方面，激動發言會造成別人的傷害很難平覆，但不要去怪別人，因為別人也是無心。也不要當負面起鬨的人，而要當平衡狀況、導回正向狀況的人，因為聚在一起是為了更美好過日子，不是為了指教檢視別人。最後給辦活動的人一些鼓勵，因為很多人會想說「不說話」最安全，但是我很感謝所有鼓勵我的人，因為你們我覺得值得。

期許自己是個謹慎有禮的好人

因為這事我也突然想到另一個問題，在我們身邊經常充斥著偽君子和大頭症的人，如果偽君子和真小人真的得讓我挑選其一，我寧願當個有格調的真小人。

有些人只要不高興就會直接當著你的面說你、念你，但至少他是個有格調的小人，不會暗箭傷人，但是偽君子卻很難防，看起來對你很好，也塑造了很好的形象，卻沒想到會在背後偷偷刺你一刀。

我記得我的乾哥曾對我說過，他說：「Jamie啊，有些人願意開口給你指教，總比私底下陰你的好。」

至於大頭症，我曾遇過一些人，當初合作時都很客氣，但過了半年、一年之後，他崛起了、有了聲勢，結果合作態度便有所改變，例如沒有那麼重視合約的內容，對人講話也禮貌性不足，變得有點大頭症。

其實在成功的路上，我們總會相遇，在商場沒有永遠的對手，也沒有永遠的朋友，我偏向於以和為貴，提醒自己不隨意批評他人、不與人為惡，也不能有大頭症，我期許自己是個謹慎有禮的好人。

在人生的路上我們都會遇到合作與分開的朋友，合作的關係可能只是生命裡短暫的過程，切記當自己弱小時不要失意，當壯大後不要小看他人、以為自己是KING，不管是什麼樣的角色，最好都是以和為貴，不要與人起衝突有爭議，這也是我跟一個財商老師學來的，因為有一天可能有人會比你更厲害。

我也感謝我自己並非是個會打落水狗的人。

學著有肚量去承受指教

雖然說B大姐這件事我不想煩心了，但是一開始還是有些介意，直到我遇到了某財商老師，就豁然開朗了，因為他講了一個故事給我聽。

老師非常喜歡做公益，在做公益的過程中經常受到質疑，他說他部落格裡常常有很多酸民給他指教，他身邊的人看了都氣得跳腳，但是他卻只是笑一笑。

例如老師說他的出發點是做公益、幫很多人募款，但是往往還是會被很多人質疑，他便曾被人問過，上次的學費有捐給慈善機構，為什麼這次不捐呢？這真是令人傻眼問題。

「Jamie，如果你是一盆水，墨汁倒在你這盆水裡會變黑嗎？」他問我。

「會。」我點頭。

「如果你是大海，一盆墨汁倒進去，是不是會沒辦法染黑？」我點頭表示，他接著又說：「那你就要讓自己像大海這樣有肚量，你就不會感覺到有黑色墨汁在你身邊了。」

聽完我發覺老師真的很有智慧。

因為他的安慰，讓我的心情舒坦許多，也讓我期許自己是一片大海，而非小容量的一盆水。不管是小人還是偽君子，都希望之後我能明眼辨認，不再精明一世、糊塗一時。

2 人生中重要卻不緊急的事一定要先處理

人生有很多重要但不急的事情，但是人往往就是這麼可愛，當這些事情不急的時候就不會處理，一定要讓它們變成燙手山芋，才慌慌張張緊急的開始執行。這點我就和別人很不相同，其實我最喜歡先處理重要但不急的事情，因為我發現一個很奇妙的狀況，當這些重要但不急的事情處理好，我的人生就會過的非常悠閒且快樂。

重要但不急時沒處理，最後就變成重要又緊急

之前開始預購我的新書時，很多朋友都問我，書都還沒有出，為什麼要先預購？這讓我想起，在我的人生之中有個很重要的「人生四大象限」觀念。

在人生的四大象限X和Y軸上，各有X軸右端的重要、左端的不重要，以及Y軸上端的緊急、下端的不緊急，於是這四大象限便是重要又緊急、重要但不急、不重要但急，以及不重要也不急。

我經常問我的朋友，把時間花費在哪個區塊是最重要的？

大部分的人都會回答，當然是重要又緊急的事情。可是事實上，這些所謂的重要又緊急的事情，都是因為它在重要但不急的時候沒有處理，所以最後就變成重要又緊急了。

例如學習這件事情，很重要但不急，因為不可能馬上學會，於是就放著慢慢來；例如存小孩子的教育基金、自己的退休金，甚至於理財、健康、友誼、經營人脈，以及這次我的新書出版銷售量，都是屬於重要但不急的事情。

經營人脈也是很多人常會覺得重要但不急的事情。

人脈用時方恨少，我們經常會想要跟有錢人、或在社會有影響力的人的做朋友，但就如同我們會挑選朋友一般，你是否曾想過，這些人為什麼會想跟你做朋友？至於在重要又緊急的時候，想急驚風的成為這些人的朋友，更是困難的。

我曾經在書裡屢次提過我的乾哥、股票高手J先生、美國房地產的好友，他們都是我在十八歲時就認識的朋友，當時大家都過的不是很好，十分辛苦的創業著，但是當時我就運用了敏銳的感覺，發現這些人都大有可為。

固定花時間聯繫，會在對方心中創造很大價值

或許你會問：怎麼會知道這些人是厲害的人、未來會有前途？其實從一個人在談論未來時，由眼神、創意、想法和所做的事，從這些小地方就能探知這個人未來有沒有前景，

但是生活的忙碌，讓我們無法常常去維持關係，所以我總是會列好三十至五十個重要貴人名單，逢年過節、活動時會不定時的與他們聯繫，讓他們

知道我還是持續關心他們。聯繫上的事花不了什麼時間，但是卻會在對方的內心創造很大的價值，這些在經營人脈方面都是重要但不急的事，對我們十分的有幫助。

就好像我的乾哥，是我在參加組織行銷時就認識的大哥，當時他是與我離得非常遠的上線，我跟他的關係並不是那麼的密切，充其量他只是覺得我是小他七歲的妹妹，但是因為他人非常好，我一直把他當成一個很好的長輩尊敬著。

因為生涯規劃，之後他決定往投資理財界發展。當時我親愛的姐姐決定要去美國定居，我的主管們也要去別的領域發展，只有少數幾個人（包括我）決定留下來。

記得有一天的下午，大哥回公司辦理一些交接的手續。我看著他回來，心情有些激動，在他交代好事情、離開公司走到電梯的時候，我突然跑過去緊緊的抓住他的手臂，看著他說：

「你一定要走嗎？其實我一個人留下來很害怕，但是我又不知道我有沒有辦法跟你一起走……」

其實大哥離職時，他覺得基於道德，並沒有想要帶走任何一個同事。

當我說完話後，大哥只是默默看著我，直到電梯打開，我們兩人就一起走進去，彼此並沒有對話。當電梯到了一樓，門打開。

很多與人感情有關的事情，都是重要但不急

「Jamie，天下沒有不散的宴席，」他對我說，「你是個很棒的女孩子，有一天我們還是會再相遇的。」

我聽完他這些話，便哭了起來，那時感到非常的沒有安全感。

「不要忘記我，我會一直跟你聯絡的！」我邊哭邊跟大哥這樣說。

或許這一哭，讓大哥完全明瞭了我對他的尊敬和信賴，以後每當我遇到

人生低潮的時候，大哥就會主動來關心我、跟我說很多鼓舞的話，甚至在我不知所措的時候，把我帶在身邊，跟他一起學習。

我自此也默認他是我的親愛哥哥、當成我的家人，因為我知道，除了爸媽、姐姐和我的老公之外，他應該是所有朋友裡面對我最好的人。

後來想想，如果我不是那麼重視感情和友誼，當時沒有追出去哭著跟他說不要忘記我的話，我想，現在乾哥就不會成為我生命中很重要的貴人了。

我覺得適時的表達出對一個人的感謝，或是維持一個人的友情，是很重要的，雖然它不急。很多與人感情有關的事情都是很重要但不急，雖然你無法跟一個人在很短的時間變成交心的朋友，可是只要願意持續的付出，其實是有差別的。

我總是持續在人脈上面做著不急但要先做的事，直到今天，我還是認真的對一些未來可能對我會很有幫助，或曾經有恩於我的人繼續互動。

會導致未來不愉快的事，得在重要卻不急時候做

除了人脈經營，個人未來會遇到的事情，同樣也是需要在重要卻不緊急時做好。我總會未雨綢繆的想著未來會發生什麼？只要讓我覺得可能會導致不愉快或有衝突的事情，我就會先做再說。

例如父母總有一天會去天堂找天父，所以我知道當他們往生時會需要一個生前契約和喪葬費用，於是我就把生前契約當成保險一樣，慢慢的存錢，因為我相信生前契約會越來越貴，還不如趁著現在開始存錢。

另外，我跟我老公感情很好，但在結婚前我們有先寫了婚前協議書。這件事真的很重要但不急，因為我看過很多夫妻在離婚時都為了錢而吵架，所以在結婚前我便跟老公提說：

「我覺得我們會一輩子在一起，但是有可能也會因故分開，但我看過好多夫妻都為了錢在吵架，我的想法是，我們可不可以最甜蜜的時候，寫一個

協議書，如果我們甜蜜一輩子，這個協議書放在旁邊生不生效也無所謂，但萬一有一天我不幸得離開你的時候，如果沒有金錢的問題，我相信我們分開還是會做一輩子的朋友。」

一開始我的老公十分地不能接受，「可是這樣是不是代表我不愛你、還是你不愛我了？」

「其實不是的，人世間最重要的就是錢和情，但是我覺得如果我們二三十年後不幸分開，我們一定也是最瞭解彼此的好朋友。」我說，「分開有時候不一定是感情不好，可能有很多原因，我會把你當作是一輩子的家人，可是我不希望有第二個因素讓我們吵架。」

在溝通之下，老公也覺得同意，於是我們愉快的簽下了婚前協議書。

老年的品質保障，退休養老金當然更要提前做

另外我也會先把退休金存下來。其實我的賺錢管道很多，每次在我身邊都會出現很多很棒的賺錢機會，但是我非常堅持一年至少要存六十萬左右的退休金。很多人都會笑我說我是笨蛋，為什麼不把這錢拿去做股票、房地產的投資？

但是投資畢竟是投資，還是有風險的，但未來的我老了，沒有生產力，又要養爸媽、養小孩，這時退休金就是很重要的事情。

所以我會先把資產做一個配置，配置完之後，就會固定把一筆錢撥到儲蓄帳戶裡，不過我跟別人的方式不大一樣，我會選擇利率比較高的存錢方法。

我存錢通常不會存在台灣，因為台灣的存款利率很低，不是我不愛台灣，只是覺得１％到２％甚至台灣的保險利率都無法抗通膨。

我的方法很簡單，將錢存到利率較高的國家，例如人民幣、澳洲或其他

國家的定存利率都很高，是我存錢時會考慮的國家，但同時我會也注意到匯率問題，以免得不償失；另外還有一個存錢的方式，因為我的家人都是雙重國籍，所以他們都會在國外存國際保單，利率可達5%以上。

很多人都會說我的人生運氣真的好好，但是我想說，我除了運氣好、貴人運好、人脈好之外，還有一堆願意真心協助我的人，其實有時候投資理財需要了解很多數字觀念，壓力蠻大的，我真的覺得我身邊很多優秀的人，協助了我很多事情，有時候真心對人不計較，其實很多人會來幫你的。

所以就請在重要卻不緊急的時候做該做的事吧，千萬別拖到又重要又緊急時，那真的會累死人的。

3 要幫需要幫的人？還是值得幫的人？

要幫誰？這是一個兩難的問題，人只有一個，不可能有那麼多的心力去服務所有的人，但每個人都想要有貴人相助，你若有能力的話，這時你會選擇幫助誰？是需要幫助的人，還是值得幫助的人？我自己曾經對於這個問題迷惑了好久，最後終於領悟且決定，以後都要幫助值得幫的人，因為他們會去幫你照顧更多的朋友。

永遠幫不完的忙怎麼辦？

以前我經營人脈的觀念，就是希望每個人都很好，所以總是盡可能的幫忙所有的人，幫到自己都枯萎了，但是發現這世界上需要幫忙的人還是很多。

有天我看到了一個小故事，故事裡的隱喻說到了我一直困惑的事，讓我不得不好好思考這樣做到底對不對。

故事中把人比喻成一瓶水，一開始遇到一條魚，魚幫水、水幫魚，但魚的記憶只有七秒，就像是生活中有許多不感恩的人，吸取了你的水分，最後卻默默的游走了；有時候會遇到海綿，永遠都在吸取你的能量卻不付出，當他乾掉了就來找你，就像是扶不起的阿斗而且一直黏著你。

這一路還會遇到仙人掌，在最困難的時候會陪著你，但你卻發現他並非很需要你，他不需要你也可以活的下去，你對他而言就像是過客，他的生活裡不一定需要你。終於有天，你遇到了方糖，你跟他在一起的時候，每天都會甜甜的，終於你遇到知己、這輩子最棒的朋友了，但這時候你已經經歷太多、用乾了自己，無法再給予。

人生最大的遺憾不是錯過最好的人，而是遇到最棒的人已經無法給予。

這個道理以前的我並不知道，覺得應該要很認真的與每個人互動，所以在某一段時間，我覺得我已經快要用乾了自己，那時似乎覺得已經得了憂鬱症了，發覺天底下怎麼這麼多需要被幫助和被關心的人！

這樣的結果，導致自己當了一陣子的冷漠者。我曾經在離開組織行銷後的七年，都是處於封閉的心態，覺得只要一個人賺錢開心就好，最好不要去想太多、管太多。

直到這一兩年來，在生命中遇到很多的好人，這些好人都是我在財商結合身心靈單位所認識的，他們有個共同的特質，就是過的都不錯，而且生活都很正面，我們曾經一起練習不批評、不責備、不抱怨的事情，讓我以正面的態度，去面對這個八卦謾罵負面的社會。

那時候因緣際會看到了上面的那個小故事，也讓我也開始思考，到底是要去幫需要幫助的人？還是值得幫助的人？

從小小的互動中看出誰值得幫

在這個思考的過程中，我覺得最有趣的是，如果這個問題去詢問需要幫助的人，他們就會說，當然是幫助需要幫的人啊！反過來詢問值得幫的人，他們自然也會說要幫我們。

不對，基本上值得幫助的人，他們不會這樣回答，因為他們是真的值得你去幫忙，而不會大呼小叫、理所當然的要你的協助。

所以最後我的答案是，選擇值得幫助的人。

例如捐錢這件事，我只捐給對小孩有幫助的單位，因為我覺得它對我們台灣的未來是有幫助的，台灣少子化嚴重，小孩是未來的棟梁，他們可能需要更好的環境和空間。

每個人都希望貴人相助，不過對於需要貴人幫忙的人，通常都沒想要付出什麼；但相對於值得幫的人，他們是做出了某些貢獻，值得我們去協助他們。

就以我自己的群組為例，我觀察了好久，發現會花時間認真跟我互動、經營關係的人不多。

很多同學可能會覺得我很忙，所以沒辦法互動，於是自己便放棄了努力，其實說個小秘密，在課程中我特別會記住那些幫我帶飲料、排桌椅小事的人，這些我都會看在心裡，而且會盡量記住這些熱心同學的名字。

這樣跟我互動會很難嗎？一般人都做得到吧。

老實說，我無法在眾多的朋友間認出誰比較需要或值得幫忙，但是可以從互動中看到誰值得幫忙。

除了會記住這些熱心做小事的同學名字，題外話，我也會特別記住同樣問題一直詢問、發言非常負面、喜歡批評、特別不禮貌、經常遲到的人的名字，並且告訴自己，任何投資機會都不要給他，或是不要跟他合作。

照顧值得幫的人會加倍奉還

另一種值得幫助的人，是對我生活上有很大實質幫助的人，一般族群比較不容易做到的，例如醫生族群他們貢獻他們的專業，一些專業的朋友給我可靠的消息或資訊。

寫到這裡，我不禁心裡反省起自己，我是不是別人心中願意被幫忙的人？有時候我們專注在經營自己的事情的時候，也常會忽略跟其他人的關係，就像是別人想要跟我經營關係，而我也正在跟別人經營關係，當重心不同，最後是否忽略了別人的真心？這點真的要好好思考一下。

雖然我的專業在於人脈經營，但也有需要再努力的地方，例如我就常忘記去探望我那親愛的乾媽，是該在行程中找一天去問候她一下了。在此提醒大家，很多事情大家要想辦法簡化、找出最重要的事情來做，也要常常停下來思考，什麼對你而言是最重要的。

上帝給我們最公平的就是時間，一天二十四小時，在二十四小時裡，我們有一半的時間在工作和睡覺，我們不可能全部的時間都拿去照顧朋友，我的想法是，去照顧值得的朋友，他會幫你去照顧更多的朋友。

這就是所謂的加倍奉還，也是為什麼我願意去照顧或互動一些值得的人脈，因為我覺得他們可以提供給我其他的朋友更多的資源，這是我的理念。

讓我向你敬禮，善心滿分的老師

我最近認識了一個理財界的某名師，在與他聊天之中，發現他與我的觀念相同，想法也不謀而合，我們都認為要去幫值得幫的人，但是老師的積極與熱情更勝過於我。

很多慈善團體喜歡把自己塑造得很辛苦、很可憐，讓許多人因故想幫助他們，但老師的想法是，你應該讓別人覺得你是值得被幫助的。

老師喜歡幫助身心障礙的慈善機構，在他還沒財富自由的時候，他的老婆就常常捐款給他們。在這個機構裡，都是一些身體殘疾的朋友們，老師第一次去探望他們的時候感到震撼。

因為他看到有兩個老夫婦，帶著他們殘疾的兒子，跪在同樣殘疾的園長面前說，求求你給我兒子一個工作。由於機構中的工作人員名額只有三十五名，所以也沒辦法再收納更多的員工，老師看到這一幕讓他淚流滿面。

他認為殘障的人是有工作權的，於是便發願要蓋一個讓殘障的朋友能夠學習技能的學校，讓他們有更多的工作機會，但是他知道台灣人的愛心通常只是一時、無法持續的，很多人一時興起捐了錢，之後就忘記了。

他想要做的不只是捐錢而已，還想要推動全台灣殘障者的工作與學習環境，於是在他跑了很多基金會與流程之後，他告訴我，他決定明年開始要回去銀行做理專了。

「我的錢三輩子都花不完，可是你知道為什麼我要回去做理專嗎？」

聽到這裡我就笑了出來，因為我自己是做資源媒合的。

「因為你覺得很多人中樂透或賺大錢的時候，他們會想到捐錢，而你最大的技能就是很會操作基金，所以如果你可以讓別人賺錢，他們就會願意捐錢，你說我猜的對不對？」我這樣回答。

他笑了，說我怎麼這麼聰明猜對了。

身體力行！怎樣幫忙才能多贏？

因為工作和做公益的忙碌，讓老師在過年時生病住院，醫生說他得了帶狀性疱疹很危險，他便跟上天講，如果有機會，很希望可以有一個最簡單能幫助人的方法。

後來他便有要回理專工作的想法，於是開始將資訊發給台灣各大銀行，而各大銀行自然不會放過人才，也紛紛來找他談工作事宜。

他告訴這些銀行說，他的條件很簡單，每天四點下班，不賣任何商品，要自己挑客戶，會帶一個助理去上班，他保證會讓他的客戶一年至少能獲利20％左右，並讓該銀行成為全台灣業績最好的銀行。

聽到這裡，我真的忍不住想給他拍拍手，因為他真的是在創造三贏，如果今天他利用他的專長與技能，幫助身邊所有的學生或朋友能賺到20％，而且大家願意把錢拿出來做回饋、推動他的慈善想法，而銀行也能創造業績，如果真的成功，這真的是一個最棒的多贏局面。

我跟老師說，我一定會幫你，我不想做老大，但我願意做老二。我跟老師說：「你這個想法讓我覺得很快樂，因為我也是想要幫助身邊的朋友！」

聊天的過程很令人振奮，而且最後老師還說願意幫我寫推薦序，讓我更開心呢。

那時老師還說，在四月份會舉辦很大場的慈善晚會，我馬上跟老師說，願意認購五十張來幫助這些人，與老師一起發願做好事。

對我而言，我跟老師的結合很快樂，第一，有人陪著我一起做善事，我覺得很開心；再來，老師也願意提攜我；三來，我心裡偷偷想著，老師去當理專的時候，我也想把我的錢拿去給老師操作，因為我離老師最近，一定可以聽到最厲害的明牌呢。

所以，無論如何，請多多照顧值得幫忙的人吧。

4 家人是永遠不變的人脈

和家人的共處與啟發，能夠讓你對外的人脈經營有很大的發展。別放棄去努力經營和愛你的家人！家人的好，可以讓你變成更好的人；家人若是不好，也能成為你的借鏡，俗話說「家和萬事興」，別忘了家人是你永遠不變的人脈，同時他們也是你永遠的貴人！

你已經發覺家人是最重要的嗎？

很多人想到人脈就想到朋友，但是我覺得家人才是永遠不變的人脈。

我很愛我的家庭，我覺得我的父母是世界上最棒的父母，姐姐也是世界上最棒的姐姐。台灣人都被訓練的要很內斂，所以對家人的愛很難說出來，但我是一個不吝嗇對家人說愛的人，從小就會對父母說我愛你們，到現在還是，講到我爸媽都會很自然的回答我：「me too、me three 啦！」。

記得第一次交男朋友時，有時會在外面玩的比較晚回家，有一次又晚回家，看到爸爸還沒睡覺，突然想幫他按摩一下，於是就跑到爸爸背後幫他按摩肩頸，爸爸可能很久沒享受到我的服務，有點不好意思的說不要，不過最後他還是讓我好好的按摩一番。

「妹妹你小時候很可愛，還說要嫁給爸爸。」爸爸突然有感而發的跟我說，還說人老了有些寂寞，因為小孩子長大了都去陪另外一半了。

那時候我聽了有些難過，心想養大我的是我父母，疼愛的我的也是父母，為什麼有些人交了男女朋友，就會開始忽略自己的家人？甚至為了男女朋友去自殺？所以從那個當下開始，我就對自己說，家人是最重要的。

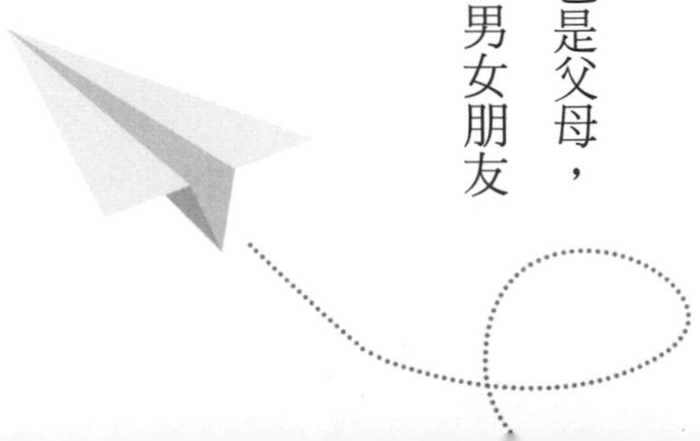

感謝有一對疼愛但不溺愛我的父母

不知道你看過電影《命運好好玩》嗎？我每看一次就流淚一次，因為電影的劇情總會讓我覺得，我的父母是上帝給我最好的禮物。

父母在我人生中給予我很大的支持，不管是高潮或低潮時，他們都會在旁邊支持我。不管我遇到什麼好壞機會，雖然他們的嘴巴會碎碎念，但是他們永遠支持我，甚至協助我，而當我遇到挫折時，他們會鼓勵我、站出來挺我。

記得爸爸在我們小時候就喜歡帶我和姐姐去書店看書，我們都會看一個下午，爸爸那時會跟我說，要看一些對人生有激勵的書，但是他也會讓我們看《小叮噹》，也就是現在改名的《哆啦A夢》，更會讓我們去租書店租漫畫書來看，只要不是暴力或色情的，通通都准我們看。

另外，小時候每當大掃除，爸爸就會說：「小孩子不用做家事！」是的，我們從小到大都不用做家事，他問過我：「你有興趣做家事嗎？」

我當然是搖搖頭。

「沒關係，家事爸媽來做，以後你們有錢就請個菲傭來幫忙。」不做家事，那我們做什麼？我們就會把墊子疊很高，然後爸爸把我們抱到上面去，他和媽媽打掃清潔，我們就在上面看《小叮噹》漫畫。

在擁有一對不讓小孩做家事的父母之後，長大後我的運氣很好，嫁給了一個不讓我做家事的老公，而我也真的把精力全心放在我的事業和家人身上。

父母帶給我們的影響比預期的還大

現在經濟寬裕很多，每次給爸爸錢他都捨不得花，有次我就問他說，你女兒現在已經過得很好了，你把那些錢省下來幹什麼？

原來我的爸爸很可愛，他總覺得要存一點東西給我，所以就節省過日子。

印象中，我每次給父母錢的時候，他們都會偷偷存下來，預備我突然錢不夠的時候，拿來支援我，雖然這事從來沒發生過。

父親是我的榜樣，他從來不遲到，答應別人的事一定做到，而且也非常孝順；在金錢方面他很小心翼翼，從不跟人借錢，但也不借錢給別人。

母親給我最大的啟發是她的愛，我母親的愛如滔滔江水，而且愛屋及烏，連我老公、姐夫、小孩都愛；她是一個很圓融的人，不大跟人吵架，她常說我們不與人為惡，也不要去斤斤計較，凡事對人要善良，但我母親並不是愚善而是有所選擇的，她運用智慧的方式來看待人世間的一切。

我常在經營人脈時想到我母親的為人處事方式。例如在群組裡總會有人想依藉著攻擊的方式，讓自己可以更壯大，我便想起我母親對我說過的話。

她曾說，人要有智慧，你在做什麼每個人都知道，每個人也都有判斷能力，如果你的目的是想群組的人都很快樂、很壯大、都很賺錢，那麼使用的方法便可以改變成一個正面積極的方式，讓大家都喜歡你，而非利用批評謾罵的方式，這是沒有用的。

母親的為人處事給我很大的影響。

姐姐改變了我的內心和人脈關係

至於大我兩歲的姐姐是個很熱情、很衝鋒陷陣的人，我的熱情可能只有她的十分之一，她是個非常願意幫助別人，而且對朋友很好、遇到機會就會把握。

小時候因為爸媽比較忙，所以我都跟在姐姐的屁股後面，而姐姐也都很疼我，總是帶著我；我們兩個的口才都很好，也常喜歡互相辯論，可是我永遠都贏不了她，因為在我的道德觀裡，姐姐永遠都是姐姐。

記得我人生之中第一個機會，是姐姐所給我的，大學時我開始做組織行銷，是姐姐帶進去的，並且帶著我衝鋒陷陣，明瞭很多道理以及賺錢的機會。

她告訴我，人生要有些機會，就要有些冒險，其實一開始我雖然很勇敢但有些膽怯，不過還好姐姐一切都會幫我鋪好路，只要跟著她就好。

而當她去了美國之後，也幫我留意美國房地產等消息，也幫我收集在美國怎麼買房子的資訊。自從姐姐之後有了小孩，我們兩個本來都擁有女強人的個性，她卻因為生了小孩而改變，身段變得更柔軟了，常常跟我分享小朋友的事情，讓我看到母性的偉大。

我以前很懶，懶得對人家熱情，但是因為姐姐對我的影響，讓我也開始熱情的對待他人；也因為姐姐熱情如火，我才知道原來在朋友之中，也有人像她這樣的好、這樣的愛別人。

當然還要感謝我的另一半，總是默默支持著我、照顧我，陪我一同奮鬥。

不要小看「家人就是貴人」這句話

或許你會覺得，和家人的共處與啟發與人脈和貴人有什麼關係？

其實每一個關係的改變，都會在你心中埋下不同的種子。什麼樣的家人，就會帶給你什麼樣的人生看法和潛移默化的改變。家人真的是你最大的貴人，有句俗話說「家和萬事興」就是這個道理，如果有個和樂的家庭，在人脈和事業上將會有很大的進展。

另外，有人會說天下無不是的父母，我不大贊成這句話，我認為天下有不是的父母，只是你要用什麼樣的角度去看待。基本上如果你覺得活的不開心、想去報復別人（不管是朋友或爸媽），這時你更應該去思考，最好的復仇方式是讓自己過的更美好。

為什麼會特別提這件事？因為有些朋友的父母真的確實不大好，朋友對我說，他真的沒辦法像我這樣愛爸媽，只能做到基本的尊重，而他的朋友對他不好，他也也無法這麼去愛他們。

我對他們說，沒關係，讓神去愛他們好了，因為神愛世人。但是我們可以做到不因為這件事情而不愉快，並且至少給父母或朋友基本的尊重。父母若是有為難或不是的地方，也請不要把這樣的痛苦帶在身上，祝福他們、尊重他們，體諒他們，因為人都是當了爸媽之後才開始學習這個角色。

至於有些人做直銷或其他工作，第一個想到的就是拉自己的家人來幫忙。坦白說，我不大喜歡做家人或親人的生意，一來是因為我的個性關係，二來我是一個很怕麻煩的人，家人其實並不一定好溝通，他們雖然是貴人，但是我把這個貴人的定義是放在他們是很支持我的人。

5 幸福就是把握當下的美好

人生庸庸碌碌，我們總是忙碌著現在、注意著未來，你可曾好好問過自己：我有在「生活」嗎？很多人希望能幸福永遠，其實離我們最近的幸福便是活在當下，把握住現在的美好。如果不能好好擁有目前點點滴滴的小確幸，時光一逝不復返，到時再來回想當初不值得的執著和渾沌不快樂，也就只能後悔了。

一定要成為有錢又快樂的人

為什麼我會寫這本書？會想跟大家分享這一切？其實潛意識裡我是個懶惰的人，所以一直在思考一個問題：我們的時間很少但要做的事情很多，為什麼我們不能共好，然後達成三贏的狀態？於是就從這個點出發，開始寫書告訴大家如何運用人脈，來簡化需要做的事、達到理想中的目標。

現在我倒是很想來問問你：在經營人脈、造福自己和朋友時，你是用什麼態度去執行？你是如何看待自己？在這本書的最後一篇文章，我想好好來談談這件事。

在看完前面這些章節之後，你大約可以知道我是一個蠻愛賺錢的女孩，很喜歡舞台，也一直活的很有成就感，不過這中間我曾經一度有點憂鬱，一直到三年前我才發現，就算是有錢也不一定會快樂，但是我也相信沒有錢是一定不快樂的。

有錢和快樂我不想二選一，我希望一定要成為一個有錢又快樂的人。於是在三年前我開始做一個練習，練習關於快樂這件事情，我很幸運的是，在這段期間遇到了一個很棒的朋友，由於她的身體力行，讓我發現了活在當下的美好。

過去我雖然很會經營人脈，但是我都把這項專才放在生意或商業上，不太想在乎別人感覺，可是我的朋友們很棒，他們就像是我之前講的一瓶水故事中的方糖一般，總是甜甜的陪伴著我，讓我也受到影響，開始盡可能的跟她們互動。

這時我遇到了一個女生A小姐，這個女孩子的年紀比我大一些，但她跟我不同，我記得那時候我並不很快樂，剛開始做投資，滿腦子都是錢錢錢和數字，但A小姐則是全身上下充滿著藝術和旅遊的開朗感覺。

到國外旅行20日練習快樂

二〇一一年的年底，我和A小姐是認識在一個活動中，她問我我的夢想是什麼？

「環遊世界。」我隨口說這答案。

「我覺得這不是你的夢想耶，」她這樣對我說，「我覺得你說的時候並沒有神采奕奕的感覺。」

我很老實的告訴她，因為我在玩樂的時候都不會快樂。

「那你要開始去練習，去喜歡你的生命和生活！」

我那時聽不大懂她的意思，於是問了一個問題：「我想出國玩，可是因為大家都在上班，都找不到朋友。」

「喔，是嗎？」

我和A小姐的第一次相遇，在這裡劃上一個句點。

之後我還是繼續很認真的練習快樂，曾經聽到有人說做善事會快樂，於是我就去做善事；也曾經做過消費練習，一個月花個十萬元，努力的花，看看自己會不會消費，不過最大的轉捩點在於二〇一二年四月發生了一件事。

我與A小姐在這之間都還有聯絡，只不過因為平常沒有其他的交集，就沒有特別的互動，直到四月她突然LINE我，說要離職了。

我問她，然後呢？

「你不是說你想去美國玩嗎？」她說，「我有個朋友住在加州，你說過你有個姐姐在紐約，我們一起去旅行吧。」

一開始我的意願並不高，因為覺得去美國二十天一定很無聊，可是我想起了我的快樂練習，以往在旅行玩樂時都不懂得快樂是什麼，不如就從這次的旅行開始練習起吧，而且A小姐還跟我打包票：

「跟我去旅行，就會愛上旅行喔！因為我是世界各地都有朋友的人。」

於是，我們就出發了，而且她真的驗證了她說過的話。

當下每一刻都不會重來一次

我很感謝所有機票、行程都是由她來處理，因為她也知道我是有一點生活白痴型的人，旅遊前我只做了一件事情：出發前把行李打包好，並且當時心裡還暗想，如果行李沒有收拾完整，不夠的東西到國外再買就好了。

在這二十天裡，我看到了另一個生活態度，還有A小姐對於生命的美好，以及對待朋友的方法，我也看到很多外國人是如何過生活的。

其實很多亞洲人每天都讓自己過的很忙碌，可是美國人就跟我們不一樣，他們可能早在下午三、四點就開始塞車，因為要下班了，而每個星期六日就是家庭日，屬於自我的時間比較多。

當我坐在紐約中央公園的長椅上，看著環繞公園慢跑的人們、草皮上正在野餐的家庭或情人，那時候心裡突然湧現一個很特別的想法：我到底懂不懂得生活？賺那麼多的錢、有那麼多的朋友，我到底有沒有在「生活」？之後陸陸續續去了很多國家，更讓我對於活在當下有不一樣的感觸。

自此之後，我經常會提醒自己，不管現在正在急著經營事業、人脈、投資等等事情，但是有把握住美好的今天了嗎？因為當下的每一刻都不會重來一次。

我也將這種經歷告訴我身旁的朋友，請他們一定要活在當下，任何事情都比不上家人、自己和流逝的時間。我希望大家能在拉風的時候開跑車，而不是在需要拉皮的時候才開著跑車，把握當下的美好是重要的。

幸福就是懂得愛身邊的人

這讓我想起我的Z好友，以前不懂珍惜她的友情，還好她瞭解以及包容我的個性，所以一直陪伴在我左右。

我和她在十八歲時就認識，我們一起經歷學生、長大、結婚的階段，其實之前我的脾氣不怎麼好，所以很多朋友在我還沒開始瞭解人脈的重要性時，就常常因為與我理念不合而再也沒有聯絡了。

但是Z好友不離不棄，一直陪在我身邊，她總是笑笑的跟我說：「Jamie我跟你講，因為我知道你是一個很好的人，然後我也決定要跟你做一輩子的朋友，所以我絕對是打不跑、罵不走的朋友喔！」

所以不管我在哪個行業，Z好友總是跟我密切聯絡，並且主動關懷我的生活，主動陪伴我，甚至主動幫我做婚禮的布置。直到有一天，我突然發現她在我心中的重要性，於是開始回饋，運用我的能力幫助他們夫妻倆，讓他們的生活也能過的非常的好。

因為對我而言，Z好友所付出的友情是金錢無法比較的，她如同家人，讓我可以真實的在她面前做自己，擁有一個不論人生高潮或低潮都愛你、甚至也愛屋及烏的朋友，真的很幸運。

我也很慶幸自己早日覺悟，發現並緊握住這個一輩子不能捨棄的好朋友，讓我們可以一起親吻幸福。

電影《命運好好玩》之中有一句話我記得非常清楚：「family is more important，家人是最重要的。」所以對我而言，幸福就是把握當下的美好，而且有事可做、有人可愛、有夢想可期待。這是我對幸福的定義，也希望大家在忙碌之餘，也要懂得愛自己、愛家人，活在當下的美好，但，還是要有錢喔！

國家圖書館出版品預行編目資料

小資賺千萬人脈理財術——學會人脈理財
讓你加薪百萬／周怡潔
-- 初版. -- 新北市：世茂, 2014.05
面；　公分. --（銷售顧問金典；78）

ISBN 978-986-5779-36-8（平裝）

1.人際關係　2.成功法

177.3　　103006625

銷售顧問金典 78

小資賺千萬人脈理財術——學會人脈理財讓你加薪百萬

作　　者／周怡潔
出版經紀／廖翊君 81book@gmail.com
撰　　稿／廖翊君文字團隊・尹玫瑰
主　　編／陳文君
封面設計／鄧宜琨
出 版 者／世茂出版有限公司
負 責 人／簡泰雄
地　　址／（231）新北市新店區民生路 19 號 5 樓
電　　話／（02）2218-3277
傳　　真／（02）2218-3239（訂書專線）・（02）2218-7539
劃撥帳號／ 19911841
戶　　名／世茂出版有限公司　單次郵購總金額未滿 500 元（含），請加 50 元掛號費
世茂網站／ www.coolbooks.com.tw
排版製版／辰皓國際出版製作有限公司
印　　刷／世和彩色印刷股份有限公司
初版一刷／ 2014 年 5 月

I S B N／ 978-986-5779-36-8
定　　價／ 280 元

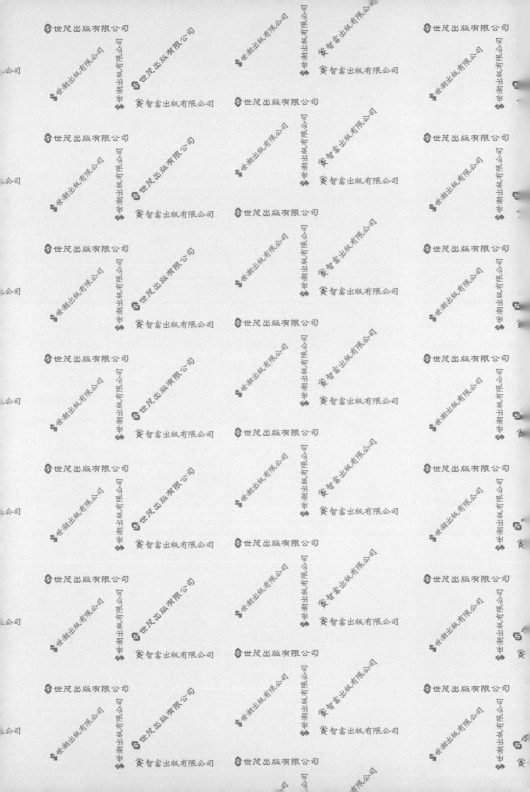